Kosmeli, Michael

Lindor

Seitenstück zur Lucinde von Schlegel

Kosmeli, Michael

Lindor

Seitenstück zur Lucinde von Schlegel

MV-Literatur ist ein Imprint der
Verlagsgruppe MusketierVerlag GmbH, Bremen,
Copyright © by MusketierVerlag, Bremen,
Konsul-Smidt- Straße 92
28217 Bremen
www.musketierverlag.de
Alle Rechte vorbehalten

ISBN/EAN: 9783968742212

Lindor

Seitenstück zur Lucinde
von Schlegel.

Mainz u. Hamburg
bei Gottfried Vollmer
1801.

Δει σε χαιρειν και λυπεισθαι
θνητος γαρ εφυσ, καν μη συ θελησ
τα γαρ θεων βυλομεν' εσαι.

      Ευριπ.

I. Br. Flooren.

Lindor an Richard.

Zürne nicht, daß ich Dir so lange nicht schrieb. Hier könnte ich mich selbst vergessen. Ich schwärme mit Emilien in Ariosto's Welten umher, wir belauschen Armiden und Rinaldo. Wie froh und glücklich bin ich hier, heiteren Geistes und gesunden Bluts; mir begegnet nichts was mich beunruhigt, ich höre niemanden aberwitzig reden. Musik giebt mir den reinsten Genuß. — Ich lese bald allein, bald mit Emilien. Begieriger, lebendiger faßt mein Geist, wenn ein Buch mit ihren Lippen zu mir spricht. Sie giebt sich willig der süßen Gewalt hin, mit der sie Petrarka in andre Welten entrückt. Meine Imagination beflügelt sich, Emiliens Glut erwärmt sie, meiner herumschweifenden Seele begegnet überall ihr liebes Bild, und fesselt meinen Blick mit ihrer holdseligen Gestalt. Könntest Du sie sehen, wenn ihre Wange glüht, und ihre Brust sich hebt, und ihr schwarzes Auge flammt. — Wache auf, Raphael, aus deinem Todesschlaf und zaubre meinem Freunde ihre Gestalt hin auf Leinwand, und gieb dem Gemälde ihren Gesang und die süße Rede, die das Herz allmächtig erobert, namenlos glücklich macht, und einwiegt in jene seligen Träume:

„wo der Geist von Ahndung und von Lust rings umdämmert, auf der Wehmut Wellen wünscht in Melodieen hinzuquellen —"

II. Br.

Lindor an Emilie.

—Und wenn mich nun das Verhängnis von hinnen treibt, und alle Freuden scheitern, die meine jauchzende Seele mit ihren Blumenghirlanden umschlingen, und ich aus der Vergangenheit keine Erinnerung rette, die mein darbendes Herz mit ihrer heiligen Glut entzünden könnte, und nur die Reue über verlorne Stunden mich peinigt, dann werd' ich meine Feigheit beklagen, daß ich nicht ruchlos war — doch wer kann dich denn hindern, gewaltige Phantasie, daß du nicht jede

Schranke niedertrümmerst, und alle Bande zersprengst, die den feigen Jüngling zurückbändigen — wer kann dich zurückhalten, allmächtige Göttin, in ein Meer zu stürzen, das mit den Wogen seiner Wonne über dir zusammenschlägt, und mit seinen Strudeln in den Abgrund seiner Seligkeiten dich hinabreißt — wer kann dich denn hindern, die Geliebte mit deinen Zaubern zu ergreifen, und über den Ozean in wüste Inseln zu tragen, wo unter ihrem Fußtritt, wie unter den blutenden Schritten, der unglücklichen Göttin, die mit dem Jammer um ihren zerfleischten Liebling, die Wildnis durchstreift — Blumen hervorsprossen, das duftende Brautbette der Liebe zu bilden — so raset der Jüngling mit der tirannischen Phantasie in der Brust, und die Erde und der Himmel vergeht vor seinem trunknen Auge, in dem nur die Gestalt der Geliebten ist, und seine Seele wird sich nur in der Anschauung ihrer Liebe bewußt. Nichts ist wirklich für ihn, als seine feuerflammende Liebe zu ihr, die die kalte Leere des Herzens mit allem Brande der kühnsten Leidenschaft ausfüllt. — So lebt er nur in dem Feuerlande seiner empörten Phantasie, raubt der Gegenwart die göttliche Glut, die er an seine gehaltlosen Träume verschleudert, und jammert doch, daß alles so frostig an ihm vorüberzieht. Die verwegne Begierde nach unerreichbaren Entzückungen geißelt ihn wie eine Furie mit ihren brennenden Schlangen vor sich her; in sein vergebens verlangendes Herz gießt sie den vergiftenden Haß alles Gegenwärtigen, und nichts als das Entfernte, Unmögliche ist das Ziel seiner stolzen Wünsche, die sie schadenfroh zu seiner Marter in seine heiße Brust legt. — O so nimm dann Geliebte dieses Herz mit allen Verbrechen seiner Phantasie, stoße nicht verachtend die Gabe des Jünglings zurück, der seinen Werth in diesem Opfer findet. — Mögen die Blitze der Liebe die in meine Seele schlugen und jede andre Vorstellung darinn verzehren, mit ihren zündenden Stralen auch die deine ergreifen. In ihrem Blumenkleide umstralt von heiligem Sternenlicht schwebt die Hoffnung aus ihren Himmeln nieder, mit sanfter Gewalt mein Herz zu fassen, mit diesen Träumen, wie mit Gedanken einer andern Welt es zu erfüllen. — Wirf dies verwegne Blatt in die Flammen, zürnende Geliebte, denn es ist ein Verbrechen an dir. Aber gedenke, daß die Leidenschaft es entwarf, der die wilde Seele des Jünglings zur Beute ward, die das Dunkel seiner liebearmen Tage mit ihren auflodernden Flammen erhellte, und du wirst dem Rasenden seine Raserei mitleidig verzeihn —

III. Br.
Flooren.
Lindor an Richard.

Meine Tage vergehen mir schneller als ich wünsche, weil die Freude, die sie mir geben, zugleich mit ihnen unaufhaltbar vorüberrauscht. Sollte meine unruhige Seele endlich hier anfangen, glücklich zu seyn, von dem Unfrieden mit sich selbst sich entwöhnen? Liebe fehlte, die Leere in mir auszufüllen, das selbst Deine Freundschaft nicht vermochte. Zweifelst Du, ob sie mich liebt, ob sie sich mir hingiebt, die schöner ist und herrlicher, als alles was mein Auge je sah. Ich will Dir sagen, in was für einem Himmel ich schwelge, in einem bessern, denn Mahomet seinen

Schülern versprach; sie erwarten, ich habe, besitze, genieße —

Warum bist du so reißend schnell vorübergerollt, Stunde der Seligkeit, da sie sich mir opferte, da die Liebe mich vergötterte, und meine Sinnen mit dem verwirrenden Zauber ihrer Entzückungen schlug, mir alles andre Bewußtseyn, nur das meiner Wonne nicht nahm. Herrliche schöne Stunde, konnte nichts deinen fliehenden Fuß fesseln, mußtest du vorübergehn, wie die Tage des Jammers und der Wehklagen —

Ich ging aus umherzuschweifen gegen die Abendzeit. Ich wandle im Walde umher; ich höre eine Stimme, die eine Ghitarre begleitet, es konnte nur Emilie seyn. Ich gehe dem Schall nach. Sie steht an einen Baum gelehnt vor mir. O könnte ich Dir den Ton ihrer Stimme, die

Accente der Innigkeit, mit der sie ihren Lippen und ihrem Herzen entfloh, versinnlichen, den Umriß ihrer tadellosen Gestalt Deinem Auge darstellen, — Emilie! rief ich leise — sie blickt zurück, und dehnt mir den Arm unwillkührlich, wie zur Umarmung entgegen. Ich warf mich an ihre Brust, und rief begeistert — nimm mich hin zu deinem ewigen Eigenthum — sie weicher und zärtlicher: ich bin dein. Es überlief mich eine unbeschreibliche Glut. — So stand ich da umfaßt, von ihr, die meine Gottheit ist, umschlingend die, in der ich alles habe, alles bin. Die Leere, die Unbehaglichkeit in mir, ist ausgetilgt durch sie. Nichts unbefriedigtes, beschrenktes kann da seyn, wo sie ist. Ach, daß es doch nur wenige solche Augenblicke im Leben giebt, wo jede Sehnsucht in uns schweigt, selbst der verwegenste Wunsch, sich vollendet sieht.

Doch in einem Moment nur kann die Blume am schönsten blühen, und in ihm selbst entwickelt sich verborgen, schon ihre Verwesung. Einmal muß man am herrlichsten genießen, einmal muß es seyn, daß das Gefühl am unbeschrenktesten, am glühendsten sich äussert, gleichsam der Moment seiner ihm beschiednen höchsten Fülle und Kraft. Ich werde, ich kann nicht mehr solche Wonne so warm empfinden, so ganz mich mir entziehn, in ein andres Wesen mich so hineinfühlen — daß meine glühende Sehnsucht doch jene Stunde zurückzuzaubern vermöchte, um Herz und Auge und Sinn noch einmal an der flüchtig hingebauchten Erscheinung zu erquicken und dann zu sterben. Und du herrliches Bild verfloßner Seligkeit, sey meinem sehnenden Herzen willkommen — willkommen die Milde deiner Farben meinem Auge; der

Gegenwart, liebliches Idol, nimmst du all das schneidende, womit sie mich verwundet.

Wir schlichen hin und her, süß schwärmend in Liebe, ihr standen Thränen im Auge, mir tobte das Herz. Jezt sind wir in dem kleinen Hause am See. Es dämmert in mir eine Ahndung von Glück und Verbrechen. Hin werfen wir uns wie sinnlos auf die Ottomane. Unbändige, wilde Begier braust in mir wie ein Feuerstrom. In bacchantischem Wahnsinn reiße ich ihr das Busenband los, sie weint, sahst du Madonnen weinen? ihr schwarzes Haar fließt in üppiger Fülle und Schwere um den Nacken, einzelne Locken streben den wogenden Busen zu decken, mein Auge verschlingt seine Schönheit, ich brenne, ich umfasse sie ungestüm, sie widerstrebt und ringt und ermattet im Kampf, ich siege und morde ihre Unschuld, mit graufamer Entzückung, opfere ich sie der Liebe, weihe ihr Emilien die schöne Blume. Alles versinkt um uns her, wir gehen unter in den stürmenden Wogen. Berauscht liege ich an ihrem schnellklopfenden Herzen, eine fiebrische Glut fühlt mein brennender Mund an ihrer Wange. Halbgeschlossen ihr Auge, bricht aus ihm immer matter und matter durch heiße Thränen sein verlodernder Stral, und tief aus der arbeitenden Brust hervor, haucht sie ihre irrende Seele in mich über —

i'non mori e non rimasi vivo
pensa oramai per te s'hai fior d'in-
gegno
qual io divenni d'uno e d'altro
privo.

Emilie riß sich auf, laut schluchzte sie,

den Blick zu Boden geschlagen, sie ergriff meinen Arm, und führte mich hinaus unter die Eichen, zwischen denen hie und da die Abendröthe purpurglühende Streifen durchzog, noch einmal blickte sie wehmütig nach dem Orte zurück, den die Liebe heiligte. Stumm und schüchtern wandeln wir fort, und mit schnellen Schritten verlassen wir das Heiligthum, wo uns die Liebe bezwang. —

Spät am Abend las ich das kleine griechische Gedicht des Musäus, Hero und Leander, und wurde traurig, in meiner Seele bedenkend, daß wir auch vom Schicksal könnten auseinandergerissen werden, und dann die Erinnerung vergangener Freuden, das gegenwärtige Elend vergrößern müßte. Ich ward finsterer, jemehr ich es dachte, und fast schäme ich mich meiner Thorheit, — ich weinte Thränen, über Uebel, die noch nicht da sind, sondern nur kommen können; so schwach ist der Mensch, daß er schon im voraus dem Gram seine Thränen bezahlt — fürchtet er vielleicht, daß sie ihm mangeln werden, wenn er über ihn grausam hereinbricht — es war als riefe mir jemand die nemlichen Worte zu, die mir bei dem Moment der höchsten Freude jener Unglücklichen einfielen:

>ah! gentle pair, ye little thiuk,
>   how nigh
> your change approaches, when all
>   these delights
> will vanish, and deliver you to woe
> more woe, the more your taste is
>   now of joy —

Die Wehmut überwältigte mich; ich warf mich verstört auf mein Lager, den Schlaf zu suchen. Er kam und mit ihm die Gestalten seltsamer unfröhlicher Träume, die mich bis zum Morgen ängstigten. Ich erwachte früh, stand auf, und ging hinaus, durch den Genuß des heitern Morgens, Heiterkeit in meine Seele zu bringen, deren sie viel bedurfte. Ich trat in den stillen Wald, nur hin und wieder der einzelne Laut eines erwachenden Vogels. Ich lehnte mich an eine Eiche, dem Körper Stütze zu geben, wenn meine Seele ihn verließe, zu wandern in dem Dunkel der vergangenen und kommenden Jahre. So stand ich da, an mir gingen meine gelebten Tage vorüber, wenige nur hatte sich die Freude zum Eigenthume erkoren; da kam zulezt auch der gestrige Tag, den ich in meinem Wahn für den glücklichsten hielt. Ich wollte mir seinen Gehalt recht auseinandersetzen, und zergliederte ihn; und siehe, es ging mir, wie mit einer schönen Blume, der man die Blätter einzeln abpflückt, um ihre Zusammensetzung zu betrachten. Sie zerstieben, die Schönheit ist verloren, die ihnen zusammengesetzt eigen war. Das Spiel der Farben, ihre verschmelzenden Schattirungen sind auseinandergerissen, sie hören einzeln auf, zu seyn, was sie vereinigt waren, nichts bringt mir die Freude wieder, die mein Auge an ihnen hatte, da sie sich noch wechselseitig verschönerten. Und wenn es vollends eine seltne Blume war, die ich zerpflückte, die ich vielleicht nie wieder besitzen kann, dann ist auch die Hoffnung dahin, an einer andern ihres Geschlechts mich aufs neue zu weiden. Ich wiederhole, da ich dies schreibe, die Thränen die ich vergoß, da ich so handelte. Ich zerstörte, vereinzelte, um mir den Genuß jener Stunden zu wiederholen, aber vergebens — ich ward unmuthig, und ich fühlte etwas, das ich Gram über Freude nennen möchte. Es war mir, als umringten mich die abgeschiednen Stunden meines Glücks mich zu höhnen, das Säuseln im Laube der Bäume dünkte mir ein gelispelter Spott über meine Thorheit. Es war ein Aufruhr schmerzlicher Empfindungen in mir, vor Uebermaas verlor ich ihre Deutlichkeit — alles schwamm trüb' und dunkel vor dem Auge meiner Seele, wie ein Nebelschleier hatte es sich vor ihm vorgezogen. Ich ging zurück, nicht achtend der Blumen, die dann und wann mein wehendes Nachtgewand berührten, unter meinen Fuß sich schmiegten. Ich nahm die Flöte, mit ihren Melodieen, Melodie in meine zerrissenen Vorstellungen zu spielen. Sieh, so vergänglich ist die Wonne, sogar die Erinnerung daran wird zum Stachel in unsrer trauernden Brust, und fruchtlos strebst du das Wolkenbild an dein warmes Herz zu drücken. Meine Liebe über Dich.

IV. Br.
Flooren.
Lindor an Richard.

Seitdem ich Dir das letztemal schrieb, hat mich ein unerklärlicher Unmuth ergriffen, der mich auf Momente verläßt, wenn ich meine Sinne berausche an der Schönheit Emiliens, wenn ich sie in Liebe umfange, und ihren Hauch mit heißen Lippen von ihrem Munde hasche. Sie liebt mich, ich fühle mich durch den Stolz von ihr geliebt zu seyn, in meinem Wesen erhöht. Das Feuer, die Glut, mit der sie meiner Liebe begegnet, sie in ihrem Schwunge überholt, möchte mich demütigen, daß

ich in all' meiner Leidenschaft, doch kalt
bin in meinen Ausbrüchen gegen sie. —

V. Br.

B. —

L. an R.

Gestern habe ich hier der Einkleidung ei=
ner Nonne beigewohnt. Du hast keinen
Begriff, wie es während den Zeremonien
in meiner Seele gestürmt hat, bald fort=
gerissen von der Musik, die unvergleich=
lich war, bald grimmig, daß dem Aber=
glauben ein Opfer mehr gefallen ist — o
ich sah' es dem blassen Mädgen wohl an,
daß sie ihrem Kummer zu entfliehen wähnt,
wenn sie sich dem Kloster zuflüchtet — ar=
mes Kind, wirst du nicht weinen, wenn
die Zeit den romantischen Eindruck von
dem hohen tragischen Pomp abnützt und
endlich verwischt, der jezt so gewaltig

dich ergreift, und deine Sinnen in der süßen Trunkenheit religiöser Schwärmerei wiegt — wird dir der Heiland, dem du dich wie eine zärtliche Braut opferst, Ersatz geben, für deine Entsagung, da du dich der Welt entschwörst, weil sie dir keine Freude begegnen ließ, dich mit Blumenketten zu fesseln. Möge sich nie dein geblendetes Auge aufhellen, um den Riß zwischen dir und der Menschheit anzustarren, entgehe nie dem glücklichen Wahn, der dich gefangen hält, sonst begehrst du, was du von dir gestoßen, was keine Reue, keine Thräne dir wiederzugeben vermag. Dein schöner Traum würde zerrinnen, und statt dem Zufluchtsort für dein geängstigtes Herz, wirst du nur die öde Zelle erblicken, deren Schweigen nur deine Klagen stören, und dich mit deinem Gram allein in ihrer Einsamkeit — daß du nie die Vollendung eines Entschlusses be=

reuest, den eine vorübergehende, schwärmerische Stunde gebahr, da dich der Fiebergedanke ans Kloster ergriff — o Freund, wie hat es mich betrübt, ein so schönes Mädgen lebendig begraben zu sehn, und die sichre Aussicht, daß sie der Gram verzehren wird. Jezt beneide ich sie um die Blendungen ihrer Phantasie, sie ist aus der Menschheit entrückt, und darum glücklich — aber die Ueberspannung wird enden, und die Erschlaffung, mit aller Pein des kühlen Bewußtseyns ihr folgen. — Gegen Abend ging ich in die Kirche, um sie näher zu betrachten, da es ihre Bauart, ihre Gemälde verdienen. Wie ich eintrat, umgab mich eine Kühle, die die Hitze des Tages nicht zu tilgen vermochte, die dicken Mauern erlauben der Sonne nicht durchzudringen — ich wurde sonderbar gestimmt durch alles was mich umgab — das bange Seufzen büßender Sünder, die vor Bildern in dieser und jener Nische knieten, um Fürsprache bei der erzürnten Gottheit von ihnen zu erflehn — ein Greis in einem schwarzen Talar, hingeworfen vor dem Bilde der Mutter Gottes, in seinem Gesicht die glühendste Schwärmerei, der triumphirende Glaube der Erhörung — der leiseste Fußtritt wiederhallend zwischen diesen Steinmassen — die ruheblickenden Gräber mit Monumenten des Stolzes beladen — durch die Kirche hinschwebend ein feiner Duft von Rauchwerk — die mattbrennenden Altarlampen — die Dämmerung, der blasse Wiederschein der Abendröthe, die mit Mühe durch das beräucherte Fenster brach, an dem Gemälde eines sterbenden Heiligen — die Majestät der Wölbungen — das ächzende Lispeln bereuender Lippen, so dumpf durch die Gänge hintönend — das alles machte mich traurig. Ein

Schauer überfloß mich, da ich in eine Seitenkapelle sah, und in einer vergitterten Gruft einen einzelnen Sarg erblickte, mit dessen schwarzen silbergestickten Sammet die Zugluft wehte — Denn ich dachte an meine kranke, vielleicht schon sterbende Mutter — ich eilte hinaus, denn mein Herz zerriß. —

VI. Br.

L. —

L. an R.

Anstatt mir Vorwürfe über mein unstetes, zweckloses Leben zu machen, erkläre mir lieber die Ursachen seiner Verworrenheit, nur suche sie, ich bitte dich, nicht einzig und allein in mir. Folgte aus meiner Organisation der Zusammenhang meines Daseyns, warum gab mir die Natur diesen Karakter, der meine göttliche Mutter von jeher durch sein Ungestüm ängstigte — durch ihn ist mein Wohl und Wehe unwiederruflich beschieden — nenne mir doch die mächtige Kraft, die in mir tobt und spielt und schlummert und zum Rasen erwacht, in meinem Herzen, das nicht ein gemeines Herz ist; ich kann es nicht fassen, was mich oft quält und entzückt, mich blutdürstig und grausam und rachgierig macht, was Liebe in mich wirft und Wohlwollen und wieder Schmerz und Trauer und Finsternis über mein Daseyn breitet — warum bin ich mir oft verhaßt, warum oft ein Gott? sage an du unbekannte Macht wer du bist, melde mir, was dein Stürmen bedeutet, und dein Liebkosen, ich lache und weine, und nimmer nimmer bin ich eine Stunde im Gleichgewicht — o Freund ich gebe oft meinem Herzen die Schuld von dem, was mein unabänderliches Schicksal ist —

VII. Br.

L. an Emilie.

Seit einigen Tagen bin ich hier. Meine Mutter ist krank. Wie erschütterte mich ein solches Wiedersehn. Ich sitze an ihrem Bette und traure. Man tritt leise auf, die Worte werden nur gelispelt, die Vorhänge an den Fenstern sind zugezogen. In dieser Dämmerung, meine Theure, schreibe ich Dir, jetzt da sie schläft. Ich ahndete meine Bekümmernisse, da ich mich von Dir losriß, wo mir auf geliebtem Boden die herrlichste Freude blühte. Alles ist in mir erschlafft, die Kraft meines Geistes ist gelähmt, matt und verworren denke ich, selbst Du, Emilie, erscheinst vor meiner Seele nicht in dem glühenden Reitz, mit dem Deine seltne Schönheit prangt, Dein Bild scheint wie verschleiert vor ihr zu schweben — die Furcht meine Mutter zu verlieren, mein Kummer Dich verloren zu haben, eignen sich abwechselnd meine zerschlagene Seele zu, und geben sie ihren Schmerzen preis.—Könnteſt Du ſehn, wie ſie mich oft mit dem innigſten Blicke mütterlicher Liebe ansieht, bis des ſtarrenden Auges Schimmer durch eine langverhaltne Thräne bricht, — ich verſchlinge verzweifelnd dieſen Blick, als wäre des Himmels letzter Segen in ihm — ſie faßt meine Hand, legt ſie an ihr langſam ſchlagendes Herz, und zuſammenraffend ihre ermattende Lebenskraft preßt ſie in einem ſchwachen Händedruck all' ihre Liebe zuſammen — welk und freudelos wanke ich umher wie ein verwundetes Wild, dem das Leben mit dem Blut aus der zerſchmetterten Bruſt rinnt. — Sie wird ſterben — Emilie auch wir ſterben. Oede Ausſicht in das Dunkel der Gruft, wo alle unsre Liebe, unsre Hoffnung, unsre Wünsche in dem Sarge eingeengt wohnen, die sich ungestüm losrissen von der Erde, und ihre Bahn nach fernen Welten nahmen, wo die herrlichsten Entwürfe für immer schlummern, die das Herz mit edler Unruhe beklemmten — da dehnen sie nicht mehr die modernde Brust, jagen nicht mehr das kochende Blut umher — alles, alles ist Staub — Emilie, auch unser Herz wird Staub mit all seiner Liebe —

VIII. Br.

Flooren.

Emilie an L.

Ich fühle Deinen Gram. Dein Brief vermehrt die Angst meines Herzens um Dich. Ich lebe in der Gegenwart nur mit dem Körper, meine Seele schwärmt in der Vergangenheit, unter den Tagen die vorüber sind, und weilt in der Dämmerung die sie umgiebt, kraftlos und matt sind ihre bleichen Gestalten. — Jegliche Blume die ich der Freude entwandte, da sie noch mein war, hat ihre Farben verloren, ich benetze mit liebevollen Thränen ihre welken Blätter, bald werden auch diese zu Staub, und mir bleibt nur die schmerzliche Erinnerung an ihre schnell vorübergeschwundne Erscheinung — o laß mir meine Thränen um sie. — Seit einigen Tagen regnet es. Ich kann nicht heiter seyn, denn die Natur ist trübe umher, meinen Blicken begegnen nur Nebel und wandernde Wolken, kein Donner rollt mehr durch das Thal. Der Wald steht in einem grauen Trauerflor. Ich weine mit der Natur, sie um ihren verwelkenden Schmuck, ich um meinen verlornen Frieden — um Dich. O wärst Du hier, so läsen wir, so sprächen wir zusammen, wir würden die Geister abgeschiedner Freuden beschwören, unsrer Sehnsucht zu erscheinen — meine Mutter verlangt nach Dir, die Stunden sind ihr unerträglich lang, seitdem ihnen, wie sie sagt, Lindor keine Flügel mehr giebt — höre nie auf, mich zu lieben, Du würdest mir das Herz zerschmettern.

IX. Br.
A. —
L. an Emilie.

Es ist alles dahin. Ich kann das unglückliche Wort kaum hinschreiben, sie ist todt. — An ihrem Sarge stehe ich und finde keine Thränen, sie schläft schon den Todesschlaf, aus dem kein Erwachen. — Tod und Ewigkeit reißen meinen Geist in ihre lichtlosen Wirbel — die Schein-

Hoffnung der Unsterblichkeit lockt mich wie ein verrätherisches Irrlicht in Sümpfe, wo Verderben meine Aussicht ist — meine Seele zu berücken, spiegelt sie mir der Freude Trugbild jenseits des Grabes vor, mir Ersatz zu geben, für das Leiden, daß ich ein Mensch war — Ewigkeit und du Grab, Pforte zur Ewigkeit, ich bebe vor euch nicht, eure Donner hallen nicht wieder in meiner schreckenlosen Seele — soll ich vor euch zurückschaudern wie im Traum vor Abgründen? wann beginnt denn die Ewigkeit? dann? wenn sich die Elemente zur Zerstörung verschwören, wenn sich Feuerströme ins rollende Meer wälzen, wenn Orkane die Welt zerwehen wie eine verblühte Blume, wenn die Sonnen auslöschen und die Vernichtung alles Daseyn verschlingt? wann beginnt denn dieser Aufruhr in der empörten Natur? wo ist das ungeheure Grab für eine Welt?

rasender Wahn, Traum eines Beseß=
nen —

Meine Mutter hat den Schmerzens=
traum des Lebens überstanden, ich möch=
te Dich fragen, träumt man über dem
Grabe auch? — Emilie, auch der Traum
unsres Lebens wird zerspringen, wie die
prangenden Blasen, die ein Knabe aus
einem Strohhalm haucht, eine Minute
schwimmen sie in der Luft, er freut sich
seiner vielfarbigen Schöpfung, und starrt
mit schmerzlicher Trauer auf die Gegend,
wo sie seinen trunknen Blicken entschwan=
den — so gehn auch wir vorüber und kei=
ne Spur zeigt an, daß wir einst waren
— o laß heulenden Wogendonner an mein
Ohr schlagen, die Wehklagen hungriger
Seebären meinen Muth entnerven, und
grimmige Löwen mich umbrüllen in Wü=
sten, wo kein Grashalm wächst und kalte

Schlangen im brennenden Sande hinzischen, nur nimm mir meinen Schmerz — das Grab verschlang mir meine Mutter, finster ist ihre Behausung, wie meine Seele —

X. Br.
L. an E.

Ich schreibe Dir schon wieder, Emilie, ich weiß niemand, dem ich den Aufruhr meiner Seele so hinbrausen könnte als Dir; wer vermöchte mich auch so zu durchdringen als Du, wer könnte dem wilden Strom meiner Empfindungen in seinen labyrinthischen Krümmen so schnell folgen, und wem mag ich auch lieber meine Seele so in ihren Ausbrüchen darstellen als Dir, einzige würdige Freundin. Glaubst Du nicht, daß es mich foltert, nicht in Deinem Arm, an Deiner Brust, meinen schwarzen Ingrimm ausweinen zu können, an Deiner berauschenden Lippe zu hangen, daß ich meines Grames an Deinem Herzen spotte, daß mein Herz an dem Deinen austobe, und Du seinen Stürmen gebietest zu schweigen — o es klopft noch dieses jammerbeladne Herz, ich kann an seinen Pulsschlägen die Dauer meines Elends berechnen — Emilie, Du bist nicht hier, ihm sein ängstliches Pochen zu erleichtern — Verzweiflung und Liebe wechseln fiebrisch in mir — wie Glut und Frost in meinem Blut, das bald wie ein siedender Strom meiner Adern Gewinde durchrennt, bald wie zu Eis erstarrend seines Laufes vergißt. — Der Tag ist mir zuwider, und die Nacht giebt mir keinen Schlaf, mein Gebein zu erquicken. Schreckliche Träume umschweben mein Haupt. Von ungeheuern Klippen stürze ich hinab in den finstern Abgrund des Meeres, den rollenden Wogen ein Spiel, sie werfen mich ans Ufer, ich schlage mein Auge auf, und ein lechzender Tiger ist mir auf einen Sprung nah, mir mein Herz auszureißen, seine heiße Mordgier in meinem Blute zu stillen — jezt schlägt er seine Klauen in meine Hüfte, ich erwache, und fasse hin zu fühlen ob es nur ein Traum war. — Ich wandre umher in den Wildnissen der Gegend, und denke an Dich. Hingegeben dem einzigen Gedanken sehe ich nicht das kühne Gemälde der mich umgebenden Natur. Ich starre hinab von einem Felsen auf den schäumenden Wogensturz, der zwischen Gestein und überhangenden Fichten mit monotonischem Gebrause sich fortreißt, mit sich fortwirbelnd meine Seele, verloren in ihrer Empfindungen Fülle. — Ich fahre auf, meiner Mutter Schatten scheint mir durch die Dämmerung entgegenzuschweben, so lebendig bildet sie sich meinen betrogenen Sinnen vor. Doch vorüber sind die herrlichen Jahre der Vorwelt, da die Verklärten noch ihre Lieben umschwebten, den Schmerz über die Trennung von ihnen zu mildern, mit der Gegenwart ihres zarten Gebildes — wann werde ich Dich wieder sehen, wieder an der holden Rede Deiner Lippen hangen. — Oder werde ich auch bald den Tod Deiner Liebe zu beweinen haben? wirst Du mich Deines Herzens noch ferner werth halten, oder wirst Du mich verstoßen und mit Gewalt vergessen, daß ich einst an Deiner Brust lag, mich zu vergöttern? —

XI. Br.

E. an L.

Flooren.

Mußt Du mich noch schwermüthiger machen, als ich schon bin — ich las die theuren Blätter, wie glühende Metalltropfen fielen Deine Worte auf mein Herz — jedes brannte sich einen Weg bis in den Kern desselben, damit sie da wieder zusammenflössen, und mich mit vereinigter Glut peinigen könnten — mein Herz quoll in meine Augen, so heiß, so brennend — ich legte mich ins Fenster, um den kalten Nachthauch an mein Auge streifen zu lassen, damit die fallenden Tropfen verweht würden. Mich überfiel alle Sehnsucht zu sterben, im Grabe zu ruhn, wo lauernde Würmer mein Herz erwarten, und meine Augen und mein Gehirn die Beute der Verwesung werden, wo ich nicht mehr empfinden, nicht mehr sehen, nicht mehr denken kann, wohin kein Schmerz und keine Thränen kommen, und das Wehklagen eines zerrißnen Herzens nicht hindringt, wo ich schon jezt oft mit meinen Gedanken verweile, um mich an die Finsternis zu gewöhnen, die mich da auf ewig umschließen wird. Es ist eine lächerliche Besorgnis und doch ist mir bisweilen so bange, so beklemmt, wenn mir einfällt, ob mich im Grabe die schwere Erde nicht zu sehr auf die Brust, auf das Herz drücken wird, ich vergesse immer, daß ich dann todt bin, wenn mich die Erde ringsum zusammenpreßt. — O wann kommt die Zeit, wo ich nicht mehr bin, wo der Tod schon den gewaltigen Fuß auf meinen Nacken gesetzt, mich in die Erde hineingetreten hat, die sich öfnet, und im nächsten Moment schließt, wie eine Wasserfläche, in die der Regen kleine Grübgen drückt, die den Augenblick ihrer Entstehung nicht überleben — so ein unbedeutendes, armseliges Wesen ist der Mensch — ein Regentropfen — In der Tiefe des Grabes versiegen unsre Thränen, in seinem glücklichen ewigen Schlaf, ängstigen uns keine Träume mehr — lebe wohl, Lindor, vergiß Deine trauernde Emilie nicht. —

XII. Br.

A. —

L. an E.

Du forderst mich zu Dir. Ich komme. — Ich kann nicht sagen, daß ich froh bin, aber es ist etwas in mir, was mich zu wilder Ausgelassenheit stimmt — ist es die Gewißheit Dich wiederzusehn, die meinen erlittnen Verlust in meiner nach Dir gerichteten Seele verkleinert — oder ist es dem Menschenherzen eigen, aus einer Ueberspannung in die andre zu fallen, wenn irgend eine Veranlassung ihn von seinen Leiden abzieht, sich unbegrenzter, zügelloser Frohheit hinzugeben, wenn es auch nur auf Augenblicke wäre, oder ist es nur so mit meinem Herzen, das von jeher ein Spiel gewaltiger oft in zwei Momenten entgegengesetzter Empfindungen war. — Ja ich komme, Du Göttliche, bald werde ich Dich mit dem Ungestüm der Liebe umarmen, und Dir in das große Auge sehen, in dem Deine lebendige Seele blitzt, — verwandle Dich in mich, zu begreifen wie ich Dich liebe — mein Geist ist schon bei Dir — fühltest Du nicht ein leises Wehen an Deiner zarten Wange, als wenn Dich ein Lüftgen des Mittags küßte, es ist mein Geist, der Dich umschwebt — bald wird auch mein Körper um Dich seyn, damit mein

Auge an Deiner Schönheit sich weide, und meine glückliche Lippe die Deine berühre — felice l'alma che per te sospira —

XIII. Br.
L. an Richard.

Flöoren.

— Emilie ist schöner als je. Ihre stille Trauer erhöht ihren Reitz, und giebt ihm etwas so anziehendes und liebliches, daß ich sagen möchte, ihre Schönheit sei liebenswürdiger geworden, wenn der Ausdruck für meinen Gedanken nicht so unvollkommen, so mangelhaft wäre. Ich möchte zürnen, daß die Sprache so arm ist, die Nüanzen in den Beschäffenheiten der Dinge sowohl als den Empfindungen und Leidenschaften genau zu bezeichnen — Versuche es nur, nimm schöne

Menschen, und gieb mir, ohne daß ich sie sehe, einen solchen vollständigen Begriff von ihrer Schönheit, daß ihre Gestalten, wie sie wirklich sind, vor meiner Einbildungskraft hervorgehen, daß mir kein Zug entschlüpfe, ohne den die Form nicht vollendet wäre, bezeichne mir mit Worten das Lebendige was in ihren Minen spricht, — nimm Empfindungen der Liebe, der Freundschaft, des Hasses, und mahle sie mir in allen ihren Modifikationen, daß ich sie in aller Wahrheit nachempfinden könne, und — nichts durch deinen Ausdruck vergrößert oder vermindert sei, daß ich sie in dem Gemälde, das Du von ihnen entwirfst, gleichsam anschauen könne, bald wirst Du das mangelhafte der Sprache finden und ihre Unzulänglichkeit mit Unwillen betrachten.

Seitdem ich wieder bei Emilien bin,

fühle ich alles so lebhaft, so warm, ich werde entzündet von jeder schönen Ansicht, melodischer tönt mir der Wald. Nicht unempfunden spielt der untergehenden Sonne letzter Scheideblick in dem Teiche, von dem Schwane beherrscht, der stolz sein glänzendes Reich überblickt, und umherschwimmt zwischen den kleinen Inselgen, mit denen die Spiegelflut besät ist. Wir wandeln langsam den Lindenbesetzten Damm entlang. Unser Mund ist stumm, denn unsre Herzen reden, und dann vermöchte ich oft nicht zu reden. Ich schaue diese Gestalt an, die wie ein überirdisch Wesen mich entzückt, wie das weiße Kleid an die Hüfte sich schmiegt, und wie ihr schwarzes Haar dem spielenden Lüftgen nachgiebt, wie sie es wegweißt aus dem Gesicht mit der schönen Hand — ich suche Blumen, ihr Haar zu schmücken, sie lächelt, wenn ich so sorgfältig bin, ihre weichen Locken zu ordnen, wenn sie der Wind verwirrte, und da umschlingt sie meinen Arm mit ihrem langen Haar und nennt mich ihren lieben Gefangnen — wie süß sie spricht, welch' schmeichelnder Ton in ihrer Stimme, welche Melodie in ihren Bewegungen, in ihren Minen — wo ist Emilie noch einmal vorhanden, daß ich über ihrem Ebenbilde sie selbst vergessen könnte?

XIV. Br.

Flooren:

L. an R.

Gestern Nacht fuhr mir im Schlaf eine Hand über das Gesicht, ich erwache und fasse Emilien, sie lacht. Hab' ich dich erschreckt, mein Freund, komm in den Garten, ich kann nicht schlafen. Ich stehe auf, wir gehen. Ich mußte an Alcina denken, wie sie zu Ruggiero kommt, ihm die Nacht zu verherrlichen, daß er in all den Reitzen sich berausche, womit sie Ariost so verschwenderisch ausstattet — zart wie ihres war Emiliens Gewand, so schwebte sie neben mir hin in der sternhellen Nacht zwischen den Hecken — in eine Laube reiße ich sie, ich verlasse die Erde, poco mancò, che io non rimasi in cielo. Wir genießen des Lebens in Liebe. Ich vergesse alles Vergangne und denke nicht der Zukunft, wenn ich ihre lockende Lippe betrachte, und nach ihrem Busen blicke, wie er steigt und fällt, so wie der Athem ihn dehnt. Sie verbirgt seine Fülle mit dem Flor, und doch kann sie mein Auge nicht um seinen üppigen Kontur betrügen. Da bin ich oft so verwegen und gleite mit der Fingerspitze leise über seine Wölbung, sie lacht und zwischen den Lippen hervor glänzen ihre klafen weißen Zähne, und jede ihrer Schönheiten fesselt mich mit unzerreißbaren Banden. —

XV. Br.
London.
L. an E.

Ich habe die Ueberfahrt hierher mit einem jungen Engeländer gemacht, der einen seltnen Verstand besitzt. Sein Herz schien mir bald, großer Leidenschaften Spielraum zu seyn. Bei aller Lebhaftigkeit ist er oft trübe und niedergeschlagen. Er heißt Storm. Die Aehnlichkeit unsrer Gemüther knüpfte uns aneinander. Er hat viel Erfahrung; fest beharrt er bei den Grundsätzen die sie ihm eingeflößt haben. — Seine Bekanntschaften werden die meinigen, er giebt mir immer die Einleitung zu den Menschen, mit denen er mich zusammenführt, dadurch vermeide ich jeden Anstoß, den ich aus Unkunde begehen könnte. —

Vorgestern war ich in einer Gesellschaft, worinnen unter andern beim Thee das Gespräch auf Dichter fiel. Damen und Herren zählten sich wechselseitig ihre Lieblinge darunter her. Lady Knesburn, eine Dame von einigen dreißig Jahren, fing auch an zu reden, und ließ uns lange aufs Ende warten — ich bitte Dich auch um ein bisgen Geduld. —

„Wahrhaftig Sie sind grausam, lieber Starrow, den Savage zu übergehen, beinah möchte ich glauben, Sie hätten kein Gefühl, und nicht für eine halbe Krone Geschmack, wenn ich Sie nicht sonst als einen Mann voll Bildung kennte. Gelesen müssen Sie ihn doch haben, da Ihre Bibliothek mit den Werken der größten Köpfe aller Nationen prangt — "ja das hab' ich wohl, erwiederte Starrow, aber weiß es der ewige Himmel, ich kann nie an ihn denken, ohne im höchsten Grade mürrisch zu werden" — "nun? und warum?" — "mir fällt sein "baſtard" ein. Ich habe noch immer den Nachgeſchmack von dem Aerger, den ich ausſtand, als ich ihn zum erſten und letztenmal las — denn denken Sie nur Mylady, mir kommt seitdem der vergebliche und blos deswegen tolle Wunsch nicht mehr aus dem Sinn, ein Kind der Liebe zu seyn. Bei den Worten:

"he ſhines excentrick like a Comet's blaze no ſickly fruit of faint Compliance He — he ſtampt in Nature's mint of exſtaſy" hatte ich einen so heftigen Drang zum Weinen, daß mir die Augen hätten ausspringen mögen, weil ich kein solcher „unbaund ed son of nature" bin. Bei der Zeile:

conceiv 'd in rapture and with fire
Wegot mußte ich das Buch wergwerfen, ich konnte den ganzen übrigen Tag nicht mehr in den Spiegel sehn, so erbittert war ich auf mich Unschuldigen. Ich ärgerte mich über die Tugend meiner Mutter, über das kalte Blut meines Vaters, ich hätte mich in dem Augenblick vergiften können, weil mir der unselige Gedanke kam, ich gehörte vielleicht gar zu Shakespeare's
— tribe of fops
got 'tween a — sleep and wake — "

„Beim Himmel, fuhr sie auf, Sie sind unartig, uns solche Sottisen zu sagen, glauben Sie denn, fuhr sie entrüstet fort, daß wir alle, die wir aus keuschen Ehebetten entsprossen sind, auch zu Ihrer

„tribe of fops" gehören? Hier wäre noch zu widersprechen — hätten Sie uns Frauenzimmer wenigstens noch ausgenommen — nach einer handschriftlichen Glosse in einer alten Ausgabe am Rande, scheint überdem Shakespeare nur Männer unter die „tribe of fops" gerechnet zu haben. Was lachten wir nicht über ihre Glosse. — Sie nannte hierauf noch ein Dutzend Dichter, die sie alle, wie sie sagte, mit Enthusiasmus verschlänge. Starrow wollte sich mit ihr belustigen und sie vollends in Harnisch bringen. Er wandte sich an Storm. Freund was hältst Du von Chatterton? ich denke, es ihm nicht so bald zu verzeihen, daß er mit dem Publikum so unehrlich umgegangen ist, ihm seine Exercitia als aufgefundne alte Stücke aufdringen zu wollen. Wie lächerlich! wie unverschämt! seine Gedichte sind ja überdem keine solchen Wunder, ihm die Eitelkeit zu vergeben, sich für einen Sänger der Vorzeit halten zu lassen. Für mich ist er so unschmackhaft wie Spinat — hier hättest Du sehen sollen, wie sie in Flammen gerieth. „Bei Ehre, nun ists mit meiner Achtung für Ihren Geschmack aus — niemand, der Belesenheit, Verstand und wahren ästhetischen Sinn hat, (sie gab sich eine Form, als ob sie sich meinte) wird so einseitig urtheilen, wie ich eben von Ihnen höre. Chatterton ist doch ein Phänomen in der Dichterwelt — lesen Sie doch nur mit Bedacht seine göttlichen Werke durch, Sie werden gewiß, ich glaube es behaupten zu können, bis zur Schwärmerei von ihm eingenommen werden. Wahrscheinlich haben Sie ihn nur oberflächlich beim Schlafengehen durchgeblättert. — giebt es was rührenders, als die Abschiedsscene zwischen Aella und Birtha — welcher Patriotismus in Aella, welche Zärtlichkeit, welche Wärme der Liebe in Birtha (sie sah wie lauter Gefühl aus, ich glaube sogar, ihr graues abgelebtes Auge wollte sich in Thränen baden). — Gehen Sie mir mit ihrem Hektor, mit ihrer Andromache, mit ihrem Gloverschen Leonidas und seiner Frau" 2c. und hier sprach sie wie ein Buch, und ließ alle Abschiedsscenen aus Dichtern, die ihr beifallen wollten, die Revue passiren — wir hörten andächtig zu, bis sie müde war, und eine Tasse Thee nahm, weil ihr Gaumen ganz heiß war und ihre Zunge lechzte — Starrow gab sich ihr endlich überwunden und dankte ihr für die heilsamen Weisungen. — Das Gespräch wandte sich auf Musik, sogleich fing sie an: ihre Kenntnisse in der Harmonie wären zwar nicht die größten, aber sie gingen doch an — sie liebte die Theorie der Musik über alles — es wäre ihr Vergnü=

gen, jeden Morgen Partituren großer Meister zu studiren — doch stimme sie im ganzen mit Lady Craven in dem überein, was diese bei Erwähnung der Musik der Türken sagt. — Gott verdamme mich, rief Starrow, dem es vermutlich zu toll wurde, auf einmal, vergeben Sie mir den Fluch, Mylady, aber Sie setzen mich auch gar zu sehr in Erstaunen, Sie sind ein wahres Universum von Wissenschaften und Kunstkenntnissen ꝛc. In diesem Tone ging es noch eine Weile fort. Starrow brachte zuletzt noch einige altgewordne, aufgewärmte Späße von foote mit frischer Sauce zum Vorschein und die Gesellschaft ging aus einander — Mein Lachen nachher galt der Lady nicht allein, weil mir einige von unsern deutschen Damen einfielen, die die Weisheit der Brittin mit ihrer Allwissenheit gewiß noch überschreien würden —

XVI. Br.

Storm-House.

L. an Richard.

Ich wünschte, Du könnteſt bisweilen unter uns ſeyn, wenn wir den Abend am Feuer zubringen und die Mitternacht herbeireden. Ich ſehne mich gar nicht nach den Zerſtreuungen der Stadt. Die Schönheiten des Landguts, wo wir ſind, das die Natur begünſtigt und der Geſchmack des Beſitzers zum reitzendſten Aufenthalt erhoben hat, laſſen mir in meiner Freunde Geſellſchaft nur einen einzigen Wunſch übrig. Starrow iſt der lebhafteſte, treflichſte Kopf. Seine Vorliebe für die Griechen, hat mich ihm ganz gewonnen. Ariſtophanes und Lucian ſind ſeine Lieblinge, ihr Geiſt ruht auf ihm. Jeden Gegenſtand behandelt er mit der eigenſten Laune. Seine Ideen ſcheinen mit ſolcher

Leichtigkeit hingeworfen, und doch sind sie gedacht, und zeigen von der Schärfe seines Blickes, von der geübtesten Beobachtung, der das geringfügigste Verhältnis nicht entschlüpft. Er hat mir gestanden, daß er sich oft am Morgen gleichsam auf die Unterhaltung am Abend vorbereite, daß es sein Talent sei, ein Gespräch so zu seinem Vortheil zu wenden, daß er seine Einfälle und Bemerkungen, wie eben aufgefaßt, durch die gegenwärtige Veranlassung herbeigeführt, hinstreuen könne, und das so ungezwungen, daß man seinen Sentiments das Studium nicht ansieht — daher kommt es, setzte er lächelnd hinzu, daß man meinem Sterling wit die gehörige Ehrerbietung wiederfahren läßt —

Vor einigen Tagen machten wir einen Besuch bei einem reichen Mann in der

Nachbarschaft. Ich merkte ihm seine ruling passion bald ab. Er sieht es nemlich gern, daß man sich über die Einrichtung seines Hauses, seines Parks ꝛc. bis in den Tod verwundre. Er hat ungeheure Summen in Italien verwendet, Kunstwerke und Gemälde aufzukaufen, um sein Haus damit zu verzieren. So viel ich wahrnehmen konnte, haben die Künstler, mit denen er verkehrte, seine Schwäche, für einen Kenner gelten zu wollen, recht gut benutzt, um ihre Sachen recht hoch anzubringen, und aus seiner Eitelkeit sich eine gute Zwickmühle zu machen. Da ich mich ihm gefällig machen wollte, bewunderte ich seine Herrlichkeiten, fragte nach dem Preise von diesem und jenem, bat um Erläuterungen — er kam in weitläuftige Erzählungen, von wem er dies, von wem er das gekauft habe, und bei was für Gelegenheit, ob

Morgens oder Mittags oder Abends — er sprach von Kolorit, Mitteltinten, Schlagschatten, verbesserte Richardson den Antiquar ꝛc. Zwei Stunden opferte ich ihm, während die andern im Park herumgingen. Ich hörte ihm mit der Aufmerksamkeit eines Knaben zu, dem sein Schulmeister ein Mährgen von den Giganten erzählt. Ich wurde aber auch belohnt, denn er beschenkte mich mit einem schönen Etui. Er bat mich, ihn recht oft zu besuchen, ich hätte ihm die angenehmste Unterhaltung gewährt, vermutlich weil er das Vergnügen hatte, sich zwei Stunden sprechen zu hören, und aufmerksam angehört zu werden. Ich dankte ihm mit geziemender Erkenntlichkeit für die Ehre seiner Freundschaft, die ich mir, nach seiner ausdrücklichen Erklärung, im höchsten Grade erworben hatte, mit leichter Mühe, setze du selbst hinzu.

So hat man aller Menschen Herzen in den Händen, wenn man ihren Lieblings=
ideen mit Feinheit entgegen kommt, ihnen
den Eingang in seine Seele nicht versagt,
wenn man nicht ungeduldig wird, sie
über sich selbst sprechen zu hören, und
ihnen Veranlassung giebt, ihr bestes Licht,
worauf sie selbst die größten Stücke hal=
ten, leuchten zu lassen, kurz und gut,
wenn man sich zu ihrem Spiegel macht,
wie St. Evremont sagt — Starrow
meinte, meine Geduld sei bei alle dem mit
dem Etui nur schlecht bezahlt. Den nem=
lichen Abend erzählte uns Storm seine Ver=
wicklung mit einem Wunderweibe, wie
er es nannte, in Genf, und fiel in die
Reflexion — Ihr glaubt wohl, mir könn=
te nach dieser Begebenheit noch wohl wer=
den? vielleicht an dem Busen eines an=
dern Weibes? ihr betrügt euch — in Mo=
menten der Leere und des Ueberdrusses,

die doch jeder hat, könnte mich der Genuß einer schönen Gestalt, mit Seele, wenn ihr wollt, wieder zum Gebrauch all meiner Kräfte, auf dem Wege der Sinnenlust zurückführen — aber wäre ich wieder was ich war, könnte ich mich, nach meinem Karakter, von dem buhlenden Weibe gefangen halten lassen? — ich würde sie in dem Augenblick, da ich mich wiederfinde, mein Sinnentumult aufhört, in dem Grade unwürdig halten, als sie mir im Rausch liebreitzend geschienen hätte. — Denn wo giebt es noch eine Abelaide. — Dazu ist das Weib da — zu empfangen — durch Sinneslust den Mann zu bethören, wenn das Blut in ihm kocht, und der Trieb mit aller Glut, mit aller Ueberspannung des ganzen Menschen erwacht, und ihn so um den Keim zu einem Menschen zu betrügen — er sprach noch mehr Anatheme gegen die Weiber aus — Starrow pflichtete ihm bei, und gab die Beweise nach seiner Art mit witzigen Einfällen — ich? ich kenne Emilien, die Apologie des ganzen Geschlechts —

XVII. Br.
Storm-House.
L. an R.

Ich verliere mich oft in dem weiten Felde der Entwürfe, der Hoffnungen, werde aber meine Thorheit jedesmal gewahr, ein Beweis, daß ich kälter werde. Wenn es mit der Abkühlung meines heißen Blutes in diesem Verhältnis fortgeht, so denke ich in ein paar Jahren zu der unerschütterlichen Ataraxie zu gelangen, von der die Schulbücher des Seneca, Epiktet, und Antonin so herrlich reden — — Mei-

ne Hoffnungen sind wohl noch immer ver=
messen genug, meine Vernunft maßt sich
aber doch öfter als sonst die Herrschaft
über sie an, hält sie mehr im Verhältnis
mit den gewöhnlichen Vorfallenheiten des
menschlichen Lebens, wenn nur nicht bis=
weilen gefährliche Rückfälle kämen. Mei=
ne Wünsche streifen mehr unter den mög=
lichen oder vielmehr gewöhnlichen Fällen,
es mag sich aber doch noch immer viel
chimärisches in ihre Kombinazion mit ein=
schleichen. — Zwar habe ich noch der Mo=
mente genug, die mich mit brennender
Ungeduld quälen, und mir das Blut em=
pören, daß mir die Adern zerspringen
möchten — es stürmt noch oft in mir jene
gewaltige Unruhe, die mich schon als
Knaben in Feld und Wald umhertrieb,
als wenn mich die Eumeniden verfolgten,
daß mir glühende Thränen ins Auge roll=
ten, deren ich mich schämte, und die ich

doch nicht zurückzudrängen vermochte, da mir alles zum Ekel ward, was mich umgab, und jede meiner unbefriedigten wilden Hoffnungen zu einer giftigen Natter, die ich in meinem Busen nährte. O ich kann dir das nicht beschreiben, was mich da so furchtbar ängstigte, welche Finsternis, welche Verworrenheit da in meiner Seele war, in die kein Stral fiel, ihr Licht und Freude zu bringen. O es kann das niemand fassen, den nicht eine gleiche Pein gequält hat — wie könnte man diese ineinanderstürmenden, vorüberrasenden Empfindungen benennen oder beschreiben — ich werde kälter, meine Vorstellungen werden deutlicher, und noch kann ich mit all meinem Forschen in mir nicht auffinden, worinn dieser gewaltsame Zustand in mir, gegründet war, was mir noch jezt Unruhe macht, ohne daß ich die Ursach ergründe. Ist es Unzufriedenheit über das Leben, Misfallen an der Gegenwart, die nicht giebt, was sie in der trügerischen Ferne versprach, da man noch in der Vergangenheit lebte, und die Zukunft sich in eine endlose Perspektive schöner Tage auszudehnen schien — das muß es seyn, was die Seele in die hohe Spannung treibt, daß sie in all ihrer Kraft sich fühlt, und sie wieder zu der Erschlaffung hinabsenkt, daß sie ermattet, wie ein getretener Wurm. — Daß ich weinen muß über mein Daseyn. Vergieb mir Freund meine Thränen, o sie geben mir auch keine Linderung, wenn die Schwermut unerklärlich, und wie ein giftiges Fieber durch meine Nerven fährt. —

Was nützt es mir, triumphiren zu können über tausende in Geisteskraft und üppiger Fülle unbegrenzter Imagination? kann mir das alles Ruhe geben, nach der meine Seele sich sehnt? Ruhe will ich, und kann die Gegenwart nicht ertragen, und schweife in die schwankende Zukunft hinaus, ihre wesenlose Regenbogengestalt zu umfassen, die meiner Umarmung entgleitet —

Ruhe muß es für ein Herz wie meines nicht geben können, das die Natur so umfassend in seinen Wünschen schuf — warum sollte ich sie denn nicht finden können? oder muß die heiße Begier sie zu erringen, das rastlose Bestreben zu ihrem Besitz zu gelangen, vielleicht die Bahn seyn, die den Menschen zur Vollkommenheit und Wahrheit führt, denn Ruhe ist Wahrheit, und wer kann sich rühmen, die Wahrheit gefunden zu haben? — doch nicht jene allweisen Männer, die im Stolze dieses herrlichen Wahnes von nichts als Entscheidung in Grundsätzen, und voll-

endeter Läuterung ihrer Moralität schwa-
tzen, mit einer gerümpften Nase und alt-
klugen Mine, uns arme gebrechliche Sünder in unsern Meinungen zurechtweisen,
und mit ihren wurmstichigen Argumen-
ten aller Menschen Grundsätze zu Boden
zu schlagen wähnen, die noch nicht, so wie
sie, das starke Licht der Wahrheit erforscht haben, deren Handlungen noch
nicht aus so reinen Quellen fließen, daß
sie die strenge Prüfung eines Gottes be-
quem, und ohne Furcht ertragen könnten — Sie verdammen die Selbstsucht,
und wollen doch, barbarisch genug, je-
dermann ihre hohe Weisheit aufdringen.
Sie reden von nichts, als uneigennützi-
ger Tugend, und man sieht doch keine
Wunder von ihnen. Wer ihnen wider-
spricht, und sich nicht unter ihres Geistes
Scepter in schuldiger Demuth schmiegt,
ist ihnen ein Schurke — fort mit den Heuch-

kern — Ihr Mund fließt über von Sprüchen der Weisheit, und Tugend, und doch ist ihr Herz schwarz wie die Nacht. Sie halten Gericht über den Karakter der Menschen, die verständiger sind als sie. Wagt es jemand, ihre gleisnerische Seele zu entfalten, so brandmarken sie ihn zum Bösewicht — und diese göttergleichen, leidenschaftlosen, siebenmal bewährten Tugendhelden, rächen sich auf jene hämische Art, daß sie mit ihrer moralpredigenden Zunge Männer hinterrücks anschnitzen, deren Herz und Kopf gleich edel ist und die den Heuchelsinn hassen wie die Sünde — doch was sage ich Dir dies alles, Deine eigne Erfahrung wird Dir diese giftigen Blindschleichen ausgezeichnet haben —

Ich las vor einigen Tagen mit Storm im Systeme de la nature — wir kamen an die Stellen: par une loi irrévocable du déstin les hommes sont forcés d'ètre mécontens, de leur sort etc. und: ceux qui se plaignent le plus amérement de la riguer du déstin, tiennent pourtant à leur existence par des fils souvent imperceptibles, qui les empéchent d'en sortir — Dies brachte uns nach und nach auf ein philosophisches Gespräch, über den Menschen und seine moralischen Verhältnisse. Storm holte aus seinem Schreibtisch ein Heft, und reichte es mir mit den Worten: überzeuge Dich hieraus, welche Wendung die Philosophie eines Menschen durch ein einziges Unglück neh=men kann. Diese Papiere sind in Genf und Lausanne einige Zeit nach meiner Be=gebenheit mit Adelaiden geschrieben. Ich halte diese Aufsätze selbst für Verirrun=gen, und doch versucht mich seit jener Zeit manches, Wahrheit in dem zu fin=

den, was ich oft für den Ausfluß einer schwermütigen Phantasie zu erklären bemüht war — widerlege mich, ich bitte Dich — es ist Deine Pflicht, Deinen Freund zu widerlegen. — eine Thräne glänzte in seinem schönen Auge. Ich ging mit den Blättern auf mein Zimmer, ich durchflog sie. Hier hast Du einige Bruchstücke —

„Warum kann der Mensch nur Augenblicke glücklich seyn? warum muß der Gram über seine eingeschrenkte freudenarme Existenz, die besten Stunden, die lebendigsten Momente seines Lebens sich zueignen. Der Mensch ist nur glücklich, wenn eine süße Leidenschaft ihn betäubt, und sein Herz mit ihren Illusionen umlagert. Ich kann nicht froh seyn, wenn ich denke — wie oft entschloß ich mich, mein Herz recht ruhig, recht empfänglich für jede Freude zu machen. Ich wollte sie mit dem deutlichsten Bewußtseyn genießen, ich marterte mich vergebens. In Stunden der Ueberlegung, bot ich jede Kraft meines Geistes auf, die schönen Seiten des Lebens aufzufinden, mir aus allen einzelnen Freuden ein Idol zusammenzuschmelzen, und dann in einem Momente alle Freuden des Lebens in der Vorstellung zu genißen. Ein feindseliger Dämon scheuchte mir jedesmal das schöne Bild aus der Seele. Das Elend der Menschheit trat wie eine schröckliche Erscheinung an seine Stelle; schwermütig empfand ich alle Leiden, die ich vor mir sah. Woher habe ich die unglückliche Empfindsamkeit, für alle Kränkungen, die die Menschheit duldet. Es zehrt eine innre Glut in mir, und trostlos weine ich über mein Daseyn, über das Daseyn meiner Brüder. — —

„Frage dich nur, was ist der Mensch? und du wirst zittern, dir zu antworten — denn ist es nicht das fürchterliche Wesen?, das sich selbst verfolgt, in dessen Herzen Grausamkeit, und Lieblosigkeit und unaustilgbare Selbstsucht wohnen. Tausende ergreifen mörderische Waffen, um andre tausende zu erschlagen, die in der nemlichen Absicht auszogen, die Generationen künftiger Zeiten zu zerstören, und so an der Nachwelt im Keim Mordthaten zu begehn. — Die ausschweifendste Liebe, die unversöhnlichste Rache, Haß und teuflischer Sinn und alle Ueberspannungen des Edelmuts schlummern in einem Herzen beisammen, um bei dem geringsten Anlaß wie ein angefachtes Feuer in hellen Flammen emporzuschlagen. Aus Liebe wird Haß, aus Haß Liebe, es ist kein Widerspruch zu erdenken, den ein Menschenherz nicht enthielte. Oft ist das beste zugleich das schlechteste. Der Mensch mit den edelsten Grundsätzen begeht oft die schwärzesten Thaten, er rechtfertigt mit kühnerfundnen Sophismen die selbstsüchtigsten Entwürfe seiner Seele —

Wenn der Morgen mit seinem heiligen Stralenhaupt hervorgeht, wenn die fernen Dorfthürme aus den Nebelmeeren emporragen, und die Landschaft trübe und dämmernd, wie ein Bild der Zukunft vor mir liegt, dann denke ich traurend, daß der heilige Morgen bald vorübergeht, und der blasse Mond sich aus seinem Schooße erhebt, in bescheidner Klarheit zwischen den Sternen zu wandeln — so geht auch mein Morgen vorüber, die Sonnenglut meines Herzens verlöscht, und am Abend bleibt mir nichts als die schmerzliche Sehnsucht nach dem abgeschiednen Tage. Dann umgiebt mich im Grabe eine Mitternacht — kein warmer Stral des Tages dringt durch die kalte Erde in meinen Sarg — dann verrinnt jedes Andenken an mich, in dem Herzen meiner Lieben. O spart eure stumme, beklemmende Wehmut und eure Thränen — ich bin ja herausgerissen aus der Kette lebendiger Wesen — Erde bedeckt mich. Die Thränen der Liebe, die auf mein kaltes Todtenantlitz fallen, rühren mich dann nicht mehr — ihr beweint mich, nach kurzer Frist sinkt ihr zu mir ins Grab — alles vergeht, nichts dauert — das Treflichste und Schönste am kürzesten. — O wo seid ihr jetzt meine Lieben, die ich sterben und begraben sah, wo bist du Geist meines geliebtesten Jünglings, in dem ich den Freund liebte und den Menschen anbetete. Wo bist du hingewandert, da er ermordet wurde, da du frei warbst durch den Todesstoß —

wird einst mein Geist dir in andern Welten begegnen? — Doch das sind Träume, über den Sternen wandeln wir nicht, denn wir sterben. — Wie würde ich denn die Ewigkeit ertragen, wenn dieser mich verzehrende Mismuth mich begleiten, diese Unzulänglichkeit, diese Armseligkeit meines Ich's fortdauern sollte — Irrthum und Elend sind die Ueberschriften alles Daseyns —

Wenn ich oft des Nachts vor Beklemmung meiner Seele nicht schlafen kann, und in meinem Fenster liege, wenn ich sehnsuchtsvoll in die Lichtwelten über mir blicke, die sich in meinen rollenden Thränen spiegeln, wenn ich mein Auge an einen Stern hefte, und all' meine Hoffnungen in seine Klarheit sich tauchen, und die Erde mir zum finstern Gefängnis wird,

das meine Sehnsucht nach den leuchten=
den Sphären am Firmament noch schreck=
licher macht, dann erhebt sich in meinem
Innern ein Aufruhr, der mich zur Ver=
zweiflung treiben könnte — welche Macht
warf meine Seele auf diese dunkle Erde,
und umschlang sie mit den Unglücksfesseln
eines gebrechlichen Körpers, ich rufe mit
fray Luis verzweiflungsvoll aus:

— que desventura
la tien en esta carcel baxa escura —

Es ist mir bisweilen, als verlechzte ich
in heißen Wüsten, als müßt' ich mich auf
kalten Schlangen wälzen, mich zu kühlen.
Ich wünsche die Wogen des Oceans über
mich. Sehe ich das Elend um mich her,
dann dünkt es mir, von einem Erdbeben
lebendig unter den Schutt einer versunk=
nen Stadt begraben zu seyn, wo das

ächzende Röcheln verhungernder Menschen mein Wesen zermalmt. Ich rase vor Schmerz und Mitleid. Wie ein schrecklicher Krampf reißt es an meinen Nerven, wie ein Strom glühender Lava tobt es in mir — es umklammert das gräßliche Gefühl des allgemeinen Elends mein Herz, und ich bin nicht im Stande, dies arme, gemarterte Herz zu beruhigen.

———

Gestern Nacht ging ich längst dem See hin. Oft stand ich still, und sah in die kreiselnde Flut, aus der mir das Abbild des Himmels entgegenlächelte. Ich streckte meine Arme nach den Wellen, ich hob den Fuß, der Himmel im Abgrunde lockte mich, ich wollte mich hineinstürzen, es hielt mich etwas zurück, das ich nicht begreife. Plötzlich vernehme ich das Winseln eines Menschen, ich gehe dem Ton der Wehklage entgegen, und finde einen Bettler im Grase liegend. Er redet zu mir, mit dem schneidenden Ton der Verzweiflung — kommst du, mich zu erlösen? sieh mich Elenden, unheilbarer Krebs frißt an meinen Gliedern. Ein Abscheu der Menschen, schleppe ich mich mit meinem martervollen Leben ohne Obdach umher — Hunger, Krankheit, ach! und die Erinnerungen erlittnen Jammers, erlittner Schmach, umlagern mich. Ich wankte nach dem See, ich wollte mich in den Wellen begraben — kraftlos sank ich hier nieder. Hilf mir hin an das Ufer, ich will dir danken mit meiner letzten Thräne. — O du armer, rief ich halb wahnsinnig, ergriff ihn mit Riesenkraft und trug ihn zum Wasser, er stürzte sich hinab in den lächelnden Himmel im Abgrunde des Sees — ich sah die Flut über ihm zusammenschlagen, meine brennen=

den Thränen wünschten ihm Ruhe und Frieden — ich floh nach Hause, als wenn ein reißender Strom hinter mir herbraußte und mich verfolgte. — —

London.

Heute morgen war ich in der Abtei. Ich gehe zwischen den Denkmälern umher, unter den Bildnissen meiner lieben Dichter, denen meine Imagination Leben einhauchte. Mir dünkte als sprächen sie zu mir in leisen Lauten von überirdischen Dingen. Plötzlich fällt mir ein Mensch in die Augen, der über einer Inschrift liest. Seine Gestalt war mir bekannt, ob ich gleich sein Gesicht nicht sah. Ich nähere mich ihm, er hört gehn, und wendet sich um. Denke Dir mein Erstaunen, es war Blydorn. Mit welcher

Freude umarmten wir uns. Beide waren wir aus unserm Vaterlande verschlagen, und begegneten uns so seltsam wieder, da keiner den andern wiederzusehn hoffte. Er stand vor mir, unvorbereitet wie eine Erscheinung. Ich war wie bestürzt. Wie gewaltig wurde mein Herz erschüttert. — Ich fand einen edlen Freund wieder, den ich für immer verloren glaubte, er war außer sich, er konnte vor Schluchzen nicht sprechen. Ich vergaß alles über ihm, die Wonne, ihn wiederzuhaben, erfüllte meine Brust. Ich nahm seinen Arm und wir verließen den Tempel, wo ich das Wiedersehen eines Freundes gefeiert habe. Immer werde ich mit Rührung, an diese Stunde zurückdenken. — Blydorn geht mit uns nach Italien, er ist außer sich, sein gelobtes Land endlich einmal zu sehen. — Er war Lehrer der jungen Z — in Liefland

— da er aber mit der Inbrunst, wiewohl nicht mit der Erhörung, Pygmalions betete und flehte, damit irgend ein Gott sich erweichen ließe, ihm vernünftige Wesen aus diesen Marmorblöcken hervorleben zu lassen, und das immer vergebens — so nahm er den Mahlkasten und reiste als Portraitmahler ꝛc."

XVIII. Br.
Flooren.

Endlich bekommst Du einen Brief von mir. Ich wollte Emilien wiedersehn, meine Freunde willigten ein. — Ich habe sie in Thränen gefunden — wir kamen gegen Abend hier an. Ich wollte sie überraschen und ging in einen Mantel gehüllt nach dem Schloß — es war schon tiefe Dämmerung. Ich gehe durch den Vorsaal, und öfne die Thür. — Himmel, welch' ein Anblick. Emiliens Mutter lag im Sarge, um den einige Kerzen brannten, Emilie zu den Füßen der Leiche, mit dem Rücken gegen die Thür, sie schluchzte abgebrochen, in ihrem Schmerz verloren, gab sie nicht Acht auf das was sie umgab —

<pre>
   one hand her bosom smites in one
                        appears
   the lifted lawn,   that drinks her
                          falling tears.
</pre>

Ich ging leise hinaus zu weinen. Allen Schmerz über den Tod meiner Mutter empfand ich zum zweitenmal. Jede Bekümmerniß, die die Zeit in mir eingeschläfert hatte, erwachte aufs neue, um mich zwiefach zu ängstigen. Hat sich der Gram denn nicht an meinem Herzen erschöpft, da der Tod meiner geliebten Mutter wie ein Donner in meine Seele schlug, hat er irgend eine Stelle gefunden, die er zu durchbohren vergaß, daß er mich plötzlich, wie ein schweres Wetter überfällt, jeden Keim der Freude, den die Hoffnung in mir hervorlockte, wie eine junge Saat niederzuschlagen — mich der Traurigkeit hinzuliefern, die damals alle Kräfte meiner Seele lähmte, daß mein Herz kalt und todt war, wie eine einsame Winterlandschaft, der nur das Gekrächze wandernder Dohlen, ihr einförmiger Flügelschlag einiges Leben verleiht? —

Ich ging zu meinen Freunden, und schickte zu Emilien, sie ließ uns einladen, wir hielten ein Trauermahl. Storm und Blydorn, der sie uns mahlen wird, beten sie an. — Sie leidet unaussprechlich, es gab eine Zeit, wo ich mit ihr glücklich war, jetzt weine ich mit ihr — Jedes Plätzgen, wo wir der Liebe heilige Glut empfanden, entpreßt mir Seufzer, wo Thränen der Seligkeit floſſen, da rollen jetzt Thränen um die Todten. Wir beweinen einen gleichen Verluſt — o daß ich ſie verlaſſen muß. — Emiliens Mutter war auch meine Mutter, verarge mir nicht meine Thränen um ſie.

XIX. Br.

L. an R.

Schon bin ich über den Alpen, da ich Dir dies ſchreibe. Wie ſoll ich es anfangen, Dir zu ſagen, wie mir war, da ich auf der Spitze eines Berges ſtand, und die Erde unter meinen Füßen ſah, da ich hinaus blickte, und mein Auge die unermeßliche Ferne umher verſchlang. Ungeſtüm klopfte mein Herz, es war ihm zu enge in meiner Bruſt. Die Sonne war im sinken. Blutrothe Stralen bestreiften die Gebirge. Alle Erinnerungen entflohner Seligkeit, vorübergegangnen Schmerzes kamen in meine Seele, in ihren tiefsten Tiefen ward sie zum heftigsten Gefühl aufgestürmt, ich hätte mich hinabstürzen mögen in den Abgrund, damit ich meine Brust zerschmetterte, und ihrem Toben Luft machte. War es Liebe zum Leben, die mich zurückhielt? — Des Menschen Verstand durchblickt mit Kühnheit die Gesetze einer Welt, er wandelt mit seinem Forschen über den Sternen — wenn seine Empfindungen beginnen groß zu werden, so fühlt er, wie der Körper sie in ihrer Ausdehnung hemmt, daß es verzeihlich wäre, die eingekerkerte, beklemmte Seele zu befriedigen und ihr Glück zu befördern — welche Pein macht ihr die unbefriedigte Begier, die Unendlichkeit mit ihrem Gefühl zu umfassen, in

sich aufzunehmen. Aermliches Glück, ei=
nen verächtlichen kleinen Fleck Erde zu be=
wohnen, mit all seinen Wünschen sich da
bescheiden zu müssen. — Wenn es nur ein
glücklicher Wahn wäre, daß wir fort=
dauern, wenn der Tod unsern Geist von
den drückenden Fesseln des Körpers los=
gebunden hat, der auch die kleinste seiner
Unpäßlichkeiten auf den Geist überträgt
— daß wir durch alle Ewigkeit hindurch
wachsen werden an innrer Kraft und Thä=
tigkeit — ja das ist der bodenlose Ab=
grund, den kein Menschenblick zu erfor=
schen vermag. Wie oft kämpfte ich schon
mit der Begierde, in die Geheimnisse jen=
seit des Grabes mich zu stürzen. Die Un=
gebuld brennt in mir, wie eine Flamme.
— Wird mich die Ewigkeit befriedigen?
wird sie mir die Ruhe, den Frieden ge=
ben, nach dem ich hier vergebens schmach=
te — wird sie meine Kraft zur Tugend

entwickeln, daß ich einst im Glanze vollendeter Tugend prange und die ungehinderte Uebung jeglicher Tugend mich selig macht. — Wer giebt mir Aufschluß, daß ich weiß und nicht glauben und hoffen darf — Werden wir unsre Lieben dort wiedersehn, die wir hienieden mit brennender Liebe umfaßten. Werde ich Emilien wiedersehn? Noch seh' ich ihre Thränen fließen, sie machten mich sinnlos — meine Freunde rissen mich fort, denn — ich wollte bleiben —

Ich bin in Italien, und doch weiß ich nicht, warum meine Freude, das Land betreten zu haben, nach dem alle Wünsche meines Herzens flogen, nicht so groß, so ungetrübt, so rein ist, als ich erwartete — und hoffen zu dürfen glaubte — aber es ist trübes Wetter in meiner Seele. — Frohe, heitre Momente sind vorüber=

gehend, wie die Blicke, die die Sonne bei einem Gewitter zwischen zerrißnen Wolken hindurch auf die geängstigte Erde wirft —

XX. Br.

Rom.

L. an R.

—Wir haben eine Bekanntschaft gemacht, zu der wir seltsam genug gekommen sind. — Es war schon ziemlich abend, da wir auf der Herreise noch ohngefähr eine halbe Meile von Recanati waren, als wir in einem Busch nicht weit von der Landstraße ein gewaltiges Rufen hörten — wir griffen nach Pistolen und Degen und stiegen aus, dem Geschrei nachzugehn. Wir waren kaum zwanzig Schritt in dem Gebüsch vorgedrungen, als wir einen gebundnen Menschen an der Erde liegend fanden. Seine Kleider waren zerrissen, er hatte einige leichte Wunden. Wir banden ihn los, er suchte im Grase, und fand bald ein Kästgen, aus dem er uns einige Juwelen zum Andenken bot — er nahm einen Platz in unserm Wagen, und verließ uns kurz vor der Stadt. Sein Anstand verrieth die feinste Bildung, seine wenigen Worte einen gediegenen Verstand. Sein Körper war wohlgewachsen und schön. In seinem Gesicht lag etwas anziehendes — wie ich überhaupt selten einen schönen Menschen ansehn kann, ohne eine gewisse Zuneigung zu ihm zu fühlen. Es ist die geheime Gewalt der Schönheit, die uns mit Liebe fesselt. Wir bedauerten, daß er von uns geschieden war. Wir interessirten uns alle aufs lebhafteste für ihn. Gewöhnlich hat der Mensch unsre Theilnahme gewonnen, dem wir einen bedeutenden Dienst leisteten, weil wir in dem Gegenstand unsrer Menschenliebe, aus Eitelkeit immer das Denkmahl unsres Edelmuts erblicken, das schmeichelt uns denn nicht wenig, und wer wird nicht wünschen, daß der Weihrauch so lange dufte, als möglich? — Schon sechs Wochen bin ich hier, und noch habe ich fast keinen Augenblick Ruhe finden können. Jeden Tag beschäftigt mich ein neuer Gegenstand. Ich vermag Dir meinen Zustand nicht zu beschreiben, die süße Trunkenheit, das Erstaunen, das angenehme Entsetzen, vergieb mir das Wort, über das schöne, und große und unaussprechliche, und meine Begeisterung, zu der mich jede Ansicht mit sanfter Gewalt hinreißt. — Jeder Ort ist mir heilig, hier, wo vor Jahrtausenden Helden im Selbstgefühl ihrer gigantischen Größe einhertraten, und die Welt um sich her zum Staunen zwangen; denn ein Römerjüngling verzweifelte nicht an seiner Größe, wenn er Scävola und Brutus sah, er beneidete sie nicht, denn er selbst konnte Scävola und Brutus seyn. Nur an Julius Cäsar mußte er hinaufblicken, wie an einem Gebirge, dessen kühne Gipfel die Wolken des Himmels überblicken, und in ruhiger Klarheit dem furchtbaren Spiel der Blitze und Donner trotzen — wofür hätte auch Cäsars Seele erbeben können, sie die den Erdkreis beben machte —

Ich wandre in den Tempeln umher, meine Seele zu erheben, wenn ich so eintrete in eine leere Kirche, und es stört mich kein Volksgewühl in meiner Andacht, möcht' ich sagen, und ich kann mich jedem Gefühl überlassen, das in mir erweckt wird, wenn alles um mich her todtenstill ist, dann habe ich einen Genuß höherer Art, wenn mein innrer Sinn sich beschäftigt mit der Entwicklung der kühnen Formen, die eine große Seele in diese Steinmaſſen zauberte — wie oft wiederhole ich bei mir ſelbſt die Worte der Almeria bei Congreve:

— all is hush'd and still as death
— 'tis dreadful!
how reverend is the face of this
tall pile
whose ancient pillars rear their marble heads
to bear aloft it's arch'd and pond'rous roof
by it's awn weight made stedfast and immoveable
looking tranquillity! — it strikes
an awe
and terror on my aching fight; the
tombs

and monumental caves of death
look cold
and shoot a chillness to my trem-
bling breast —

———

Blydorn läuft den ganzen Tag umher, um, wie er sagt, Bekanntschaften mit Menschen und Steinen zu machen. Er will sich eine Gallerie aller schönen Weiber= köpfe anlegen, die er zu Gesicht bekommt. In der Lóngara hätte er bereits das Al= pha dazu erblickt — — Wir haben un= sern Geretteten wieder. Ich ging vor ei= nigen Tagen an der torre sanguigna vor= über, und trete in einen Kramladen, um etwas zu kaufen. Wie ich so mit dem Kaufmann spreche, faßt mich jemand am Arm, ich wende mich um, und er= blicke voll Freude, den jungen Mann, der uns bei Recanati verließ. Er bat mich, mit ihm zu gehn, er wolle mich zu seinen Freunden führen. Ich folgte ihm. In der Longara treten wir in ein Haus, er öfnet eine Thüre und sagt zu einem Frauenzimmer, die mit einem Buche auf dem Sopha saß: Lucinde hier ist er, ich gehe Rimonaldi zu rufen. — Sie stand auf mich zu begrüssen. Ich verbeugte mich stumm, in ihr Anschaun verloren, ich vergaß mich. Sie schien mein Erstaunen durch ein Lächeln zu billigen — ist das ein sterbliches Wesen, das ich vor mir sah? ich möchte den Ausdruck borgen: Hergeholt aus den Wohnungen der Götter, ist sie festgehalten in irdischer Gestalt, daß ihr Anschaun jedes Knie beuge — sie fragte mich, ob ich Musik liebte, ich bejahte, sie griff in die Harfe und es entlispelten den Saiten Töne, wie die Zaubermelodieen, die wie mein Spencer singt der Harfe des Philissides auf ihrem Fluge zu den Sternen entquollen. — Meiner Zunge, meinem Herzen entströmten feurige, geflügelte Worte — Lucinde ward entzündet, sie reichte mir die Hand, ihr das Gelübde der Freundschaft, der Liebe, der Ergebung zu schwören, ich schwur mit hoher Entzückung. Sie sagte mir darauf, sie sei mit ihrem Verwandten Rimonaldi hergekommen, ihr Leben zu genießen, sie hinge von niemand ab, sie sei reich, sie heiße Lucinde d'Okarni. Der Jüngling, der mich zu ihr gebracht, heiße Mirosara, sei ein Grieche, der vertrauteste Freund von Rimonaldi und ihr ꝛc. ꝛc. Jetzt traten sie beide herein. Welch' ein Gewicht, welcher kühne, freie Gliederwurf in Rimonaldi's Gestalt, welche vollendete Schönheit; welche Würde — sein schwarzes Auge brennt in stiller Wildheit und Glut. Sein Blick ist schwermütig. Welche Leiden muß er erduldet haben, die das Lächeln von seinen Götterwangen scheuchten, und seiner Physionomie den finstern ehrfurchtgebietenden Ernst aufgedrückt haben — an dem ganzen Menschen ist das Gepräge der Größe unverkennbar. Unwiderstehlich riß und fesselte er mich an sich! — Mirosara ging zu Storm und Blydorn, sie zum Nachtessen einzuladen. Sie kamen. Blydorn erkannte in Lucinden seine gebietende Schöne, und bat sie, auf ein Knie sinkend, um das Glück, sie mahlen zu dürfen. Sie gewährte es ihm gern. Wir setzten uns zum Mahl. Mirosara ergriff einen Becher und rief: meine Retter, Lucinde mit halbniedergeschlagnen Augen: meine Freunde und Rimonaldi: meine Brüder. Wir stießen an, und gossen unter genialischen Reden des lieblichen Trankes viel in unsre üppigen Kehlen. Die Nacht kam, wir schieden, ich mit dem Pfeil

des gewaltigsten Gottes in der Brust —
mir ist so wohl unter diesen Wesen, daß
mir dünkt, ich sei von einer wohlthätigen
Gottheit nach dem alten Athen, unter
Menschen der Vorzeit entrückt — —

Ich bin jetzt täglich bei Lucinden, sie
hat mich, ihr meine Jugendgeschichte zu
erzählen: —

— i did confent
and often did beguile her of her
tears
when i did speak of some diſtreſs-
full ſtroke
that my youth ſuffer 'd —

Ihr feiner Sinn für alles Schöne und
Große, ihr von allem kleinlichen Vorur=
theil geläuterter Verstand, ihr lebendiges
Herz, die Wohnung der süßesten Leiden=
schaften, ihre körperliche Schönheit, mit

XXI. Br.

L. an R.

Wir verleben den schönsten Theil des Jahres auf dem Lande. Einige Wochen schon haben wir auf unsrer reitzenden Villa verschwelgt möchte ich lieber sagen, als zugebracht. Jeder geht seinen Phantasieen nach. Rimonaldi ist ein seltnes Wesen. Seine Geschichte sollst Du vernehmen, sie ist mit Unglücksfällen durchwebt, die nur eine so starke Seele wie die seinige nicht gänzlich niederschlagen konnten —

Wir waren neulich übereingekommen, in einem Bosket, das den Garten begrenzt, zu Nacht zu essen. Wir freuten uns der gegenwärtigen Stunde, bald mußte ich zu Lucindens Harfe singen, bald ihren Gesang mit dem meinen begleiten. Es war der schönste Abend. Der glühende Purpur des sinkenden Abendroths stralte wieder an Lucindens Wangen, schimmerte an ihrer Harfe. Unsre Seelen wurden lebendiger, je fester die Natur zu entschlummern begann. Um unser Fest nicht abzubrechen, beschlossen wir einen Theil der Nacht unter den grünen Bäumen zuzubringen. Es wurde ein Feuer angemacht, während wir im Garten herumschlenderten. Wir kehrten endlich zurück in den Busch, um uns am Feuer zu lagern. Wir tranken uns köstlichen Wein zu, der Eschen Laub spielte sanft flüsternd im wirbelnden Dampfe der Flamme. —

Da bat Lucinde, es möchte jeder die Geschichte seiner schönsten Liebe erzählen — Rimonaldi muß anfangen, riefen wir alle, er willfahrte und begann:

„Kurz nur', ist die Zeit meiner Freude gewesen, die Erzählung einer schrecklichen That wird eure Fröhlichkeit unterbrechen, und euch den Genuß so schöner Stunden vergiften — Doch ihr verlangt und ich rede —

Mein Vater, ein Florentiner, machte öfters Reisen in Handelsgeschäften nach Smyrna und Setines. In meinem sechszehnten Jahr nahm er mich an den letztern Ort mit, und ließ mich bei einem Verwandten, der einen weitläuftigen Seidenhandel hatte. Ich gewann bald seine Gunst durch meine Folgsamkeit, mein kindliches Betragen — er handelte väterlich an mir. Nach einigen Jahren starb er und hinterließ mir sein ganzes beträchtliches Vermögen. Ich schrieb meinem Vater und bat ihn es mit mir zu theilen — Wenige Tage nachher kam er selbst in

Gestalt eines Bettlers, mit Thränen die mich um so mehr brannten, da sie aus den Augen eines geliebten, verehrten Vaters fielen. Er sank an mein Herz. — Ich habe alles verloren, schluchzte er, meine Schiffe sind von tunesischen Seeräubern genommen. Deine Mutter ist vor Schreck darüber gestorben. Meine Gläubiger nahmen mir jetzt vollends den Rest meines Vermögens — jetzt komme ich arm und elend, um Dich noch einmal zu sehn, mag dann mein Vaterherz gänzlich brechen, weil Du nun auch im Elend bist — ich konnte vor Jammer des Vaters nicht reden, und reichte ihm stumm das Testament meines Vetters, er blickte hinein. Der plötzliche Uebergang vom Schmerz zur Freude zerrüttete seinen Verstand — er wurde von dem Augenblick an wahnwitzig. Ich pflegte ihn mit kindlicher Pflicht — Nach drei Monaten kam er auf einmal nach einem heftigen Fall zu sich, überlebte ihn aber nicht lange; denn in wenigen Wochen darauf drückte ich seine Augen zu. —

Der Tod meines Vaters veranlaßte mich zu reisen. Setines, das ich sonst so liebte, wo ich die besten Tage meiner Jugend zubrachte, und die Weisen und Dichter des Alterthums an den Orten las, die sie einst, ach! in herrlichern Zeiten mit ihrer Gegenwart heiligten, war mir jetzt ein unausstehlicher Aufenthalt. Ich ging nach Smyrna, und suchte die Bekannten meines Vaters auf. Unter diesen lernt ich Deinen Vater kennen, Mirosara, einen Mann von Seelenhoheit, wie es wenige giebt, er liegt auch schon in der Erde die schon manche unsrer Geliebten umschließt. — Denke nur an Miladme, Deine liebliche Schwester, die eben in der schönsten Blüte, Deinen armen Freund mit ihrem Zauber bestrickte. Welch' ein mächtiger Geist mußte es seyn, der diesen Körper einer Lais belebte, da er alles mit seiner Kraft ergriff und zum Sklaven fesselte. Nicht ihre Gestalt war's die mich entzückte, der Geist in dieser vollendeten Form, der diesen unwiderstehlichen Liebreitz über sie hauchte, ließ mein nur allzuwilliges Herz in Liebe entbrennen. — Ich faßte einst ihre Hand, und lispelte ihr schüchtern die Worte zu: Holdseliges Mädgen, du hast mein Herz mit Liebe entzündet, laß mich ärmsten nicht verschmachten, rede und ende meine Pein, ich bebe vor Furcht, — mit jungfräulichem Erröthen erwiederte sie: fremder Jüngling, wer gab dir die Kühnheit, so mit vermeßnen, arglistigen Worten zu meinem Herzen zu reden? — Die Liebe gab mir den Mut, liebste Mi=

ladme, willst du die mächtige Gottheit mit deinem Weigern erzürnen — o reiche mir die gelobende Hand, und löse mit freundlichen Worten die Angst und Beklemmung, die mein erwartendes Herz zusammendrücken. — Darauf entgegnete sie mir, mit der sanften Melodie ihrer Stimme: Jüngling, deine Gestalt ist schön, wenn deine Seele so schön ist, wie deine Gestalt, so sollst du mein Bräutigam seyn, diese Nacht harre meiner im Garten am blühenden Apfelbaum, in der dichtesten Laube magst du alsdann den bräutlichen Kuß der Liebe mir rauben. — Es zerfloß mein Herz in Dank und Freude, da ich ihre heilenden Worte vernahm. Ich wollte sie umarmen, sie war verschwunden — doch welches Unglück lauerte auf mich.

Ich gehe voll süßer Ahndungen an den

Ort, den mir die schöne Miladine beschieden hatte. Es umschlangen mich begierige Arme, aber sie war es nicht. In meinem Erstaunen riß mich die Fremdlingin mehr fort, als daß sie mich führte. Ein Gartenhäusgen stand offen, ich mußte ihr folgen, und hier hörte ich die unseligen Worte: ich weiß, daß ihr Miladine meine Stieftochter liebt — aber glaubt nicht, daß ihr meinem Liebesbrand entflieht, er soll, er muß euer Herz in Flammen aufzünden. Eine Spanierin, Klaudine Mirosara, die Frau eines Greises liebt euch, die mehr heischt, als leere Küsse von kalten unschmackhaften Lippen — ich verging fast vor Verlangen nach euch, da ich euch zum erstenmal in meinem Hause sah. Auch ich bin schön, kommt nur an jene Lampe die Blitze meiner Augen zu sehn, wird nicht jede eurer Nerven von wollüstiger Liebeswuth durchzuckt, so seid ihr ein Marmorbild, dessen liebeleere Brust ich vergebens an mein unbändigschlagendes Herz drücke, sie zu erwärmen, nicht der königliche Jüngling, den ich bis zum Wahnsinn liebe — verschmäht nicht die Leidenschaft eines Weibes, die Gift und Dolch zu ihrer Rache aufbewahrt, ich bitte euch, bringt mich nicht zur Verzweiflung durch eure Kälte. Ich muß in den Abgrund des Verderbens hinabstürzen, aber ich reiße grausam mit mir hinab, was ich der Erde misgönne — — und jetzt stürmte sie wie eine Bassaride an meine Brust, ich fühlte wie sie brennte. Ihr Blut kochte vor Wollust. Sie war schön, ich fiel. Ich verfluchte die Stunde, da ich an Miladme dachte. Doch welcher Jüngling mit Blut würde in solcher Prüfung bestanden haben. — Den andern Morgen schrieb ich ihr: „Ich bin deiner nicht werth, darum verlaß ich dich, in meinem Herzen ist die Hölle mit ihrer Pein. Die Blume deiner Schönheit gebührt nur einem jugendlichen Gott — bewahre deine Jungfräulichkeit liebliche Charitin bis nach Elysium — ich eile nach Cypern — nach zwei Monaten empfing ich folgende Briefe von ihr, (die ich Dir mein Richard in mangelhafter Uebersetzung gebe)."

„Jüngling, wie konntest du die Stürme so in Versuchung führen, zwischen dir und dem entsetzlichen Abgrund waren nur zerbrechliche Planken. An einem einzigen Bretgen hing dein Leben und doch wagtest du deine Freundin zu ängstigen. Verwegner, warum mußtest du über die Schlünde des Oceans wandeln. Ich gehe täglich am Meere, über das du entflohst, da hört ich jüngst von ferne her

dumpfes Gemurmel zornig werdender
Wogen. Sie wälzten sich heran, mit
ihrem Gebrause, es ward finster über dem
Meer, der Himmel hatte sich schwarz
umzogen. Ich blickte hinaus in den Auf=
ruhr, wie das rollende Wogengebirge auf=
stieg und nieder donnerte, daß weit um=
her die Tiefe erklang. Zu meinen Füßen
tobten die Wellen an das tönende Ufer,
daß ich mit dem Dichter hörte und sah:

wie an eines Eilands Felsenstrande von
dem Sturm gepeitscht die Woge
heult und an seiner Klippen schroffem
Rande holes Brausen einer Bran=
dung weilt, wie der Sturm auf hoch=
gethürmten Fluten gleich auf einer
Wasserveste thront und der Barke
eines armen, guten Schiffers grau=
sammächtig nicht verschont ꝛc. ꝛc.

und siehe, es erhob sich aus der Flut die

sausende Schaumsäule einer wirbelnden Windsbraut, daß der weiße Gipfel wie der Helmbusch alter Helden in die Lüfte wehte — hin über die Gewässer, eilte die todbringende — jetzt ergreift sie ein Schiffgen, wirft es um, zerschellt und drückt es in den Abgrund. Mir verging das Gesicht — dicke Thränen rollten heiß und schwer aus meinen Augen, die eben den gräßlichen Anblick in sich aufgenommen hatten — Jüngling ich dachte, wie es seyn müßte die Minute, da man so in die bodenlose Tiefe sinkt, über sich ein Wassergebirge, mir ward so ängstlich und beklemmt um die Brust, als würd' ich zusammengedrückt von solcher Last. O komm zurück, und vermeide dann auf ewig das verschlingende Element. Komm, daß wir uns des Lebens in Liebe erfreuen, daß wir auf Momente entzückend süß hin= sterben, in Kuß und Umarmung, ehe der Würgengel den Parzen die Scheere aus der Hand reißt, unsern Lebensfaden durchzuschneiden. Komm Jüngling Alcide und brich den goldnen Apfel meiner Jungfräulichkeit und vergiß die Gärten der Hesperiden, von meinen Armen, wie von Epheuranken umstrickt. Die Göttin der Liebe beschirme Dich —"

„Reiße Dich los von Deinen cyprischen Mädgen, und komm und heile mich, denn ich bin krank vor Liebe. Bist Du ein Zauberer? wer hat Dich gelehrt, Geister mit unsichtbaren Netzen zu umgarnen, sie wie ein gefangenes Wild an Dich zu ziehn? ha! mein jugendliches Herz brach durch alle Schranken mädgenhafter Sitte, und flog Dir himmlischer Jüngling von der Liebe beflügelt entgegen — war es Dein schönes Auge das mich berückte, und sein offner, jugendlich wilder, liebeflammender Feuerblick, der wie der Brennpunkt eines Spiegels in mein entzündbares Herz fiel, daß hoch auf die Flamme der Liebe schlug. Klaudine meine Stiefmutter lechzt nach Dir, sie verdammt ihr Geschick, daß sie nicht Perimede ist, und ihre Zauberformeln Dich hieher zu bannen kraftlos sind. Alles was Weib heißt, ist Dein Eigenthum. Kehre wieder, und kühle meine Glut. Verschmähst Du zu kommen, so entweiche ich meinem geliebten Vater, besteige ein Schiff, und sause im flüchtigen Sturm der seligen Insel entgegen, wo mein Wesen, mein Alles ist. — Entführte Dich vielleicht Aphrodite, Dich in Cypern wie ihren Adonis zu herzen, fürwahr! so wußte sie einen Jüngling mit einer Seele auszuküren, unter dem Haufen von jungen Bildsäulen — wie die Eifersucht über die Göttin in meinem Innern aufglimmt. — mußtest Du mich dårum bethören, daß ich vor Verlangen und Liebe verschmachte, daß ich mit Sappho und Dido im Schattenreiche klage, daß

— auch da noch Liebe ihre Feuerzonen
um das Schattenbild des Dulders schlingt —

Deine Flucht ist mir ein Geheimniß. Man hielt mich zurück, hat Dich das erzürnt, daß ich nicht kam. — O kehre wieder, sonst raubt mir die Liebe Vernunft und Bewußtseyn. Kann es Dein Herz ertragen, daß Deiner Miladme Schönheit an der stechenden Hitze der Sehnsucht verwelke, und statt der lieblichen Blume, nur die dürren Blätter mit ihren abgestorbenen Farben zurückbleiben, wie die bleichen Mumien der Kräuter und Blumen die ein Naturforscher aufbe=

wahrt. Welche Stimme vermag es denn, Dich hieher zu locken? auch deiner Begeisterung o Sappho gelang es nicht, den spröden Flüchtling zurückzuführen. — Lehre mich Dein Herz bezwingen, wie Du meines bezwangst. Doch es gebührt einem sterblichen Mädgen nicht, einen Gott zu überwinden, der nur auf Augenblicke die Hülle eines schönen Jünglings über sich warf, um Menschenaugen sichtbar zu werden und sie zu entzücken. Die Flammen der Liebe lodern in mir. Wie unglücklich müssen sich meine Sterne vereinen, da das meines Lebens Elend wird, was sonst der Sterblichen höchste Freude, süßestes Labsal ist. Möchte die Ruhe, die Du mir nahmst, in Dich übergegangen seyn, ich will dann nicht klagen, daß ich einen Verlust erlitten habe. — Wenn ich auch schon im Grabe modre, so wird doch die Sonne noch eine Blume aus meinem

H

Staube locken, zum Symbol meiner unsterblichen Liebe zu Dir. —"

―――――

„Du hast Feindschaft zwischen mich und Klaudinen gebracht. In ihre Brust hast Du Haß und wütende Eifersucht geworfen. Sie mißhandelt mich. Rette mich aus ihrer Hand, sonst bin ich verloren. Sie ist aufs Höchste ergrimmt, gegen mich Unschuldige wegen Deiner Flucht. Sie glaubt, sie sei mein Werk, um Dir nachzueilen — ich muß freiwillig den Tod wählen, um ihr das Verbrechen zu ersparen. In einem Anfall von Zorn hat sie mir gedroht mich zu ermorden — ich sollte Dich zurückrufen, wenn ich dem Tode entrinnen wollte. — Von meinen Empfindungen laß mich schweigen, Du achtest ja nicht den Schmerz einer Unglücklichen, die Du mit Deinem verlieb-

ten Girten höhnlest — wie schwarz muß
Deine Seele seyn, da Du solche verrätheri-
sche Kunst treibst, Menschenherzen mit
dem Hauch der Liebe zu vergiften. Blen-
de Deine Augen, damit ihre lügenhaften
Blicke nicht mehr in die finstern Irrgän-
ge des Jammers locken, indem sie einen
Himmel versprechen. Lebe wohl und laß
mich sterben. —"

Ich eilte zurück, fuhr er fort. Kaum
war ich am Lande, so schickte ich meinen
Getreuen zu Miladme. Bald stand sie
vor mir. Götter, wie war mir, da ich
sie wieder sah, und ihre Augen wie zwei
schöne Morgensterne mir entgegen stral-
ten. Wir genossen alle Freuden der Himmel. — Höchste Seligkeit die entzückte
Seele wechselseitig überzuströmen, sie mit
brennenden Lippen aufzusaugen, und an

H 2

der schönsten Brust zu sterben, die je ein Weib schmückte — es ist die vollste Existenz, in jeder Nerve Zuckung der Wonne. Wir hatten uns aufs neue für die folgende Nacht beschieden, wir trennten uns. Gegen Mittag läßt sie mich rufen, es befremdet mich. Ich renne. Wie ich ins Zimmer trete, kommt mir Klaudine entgegen, ihre Augen blitzten, ihr Gesicht war erhitzt, wie von dem Toben einer Leidenschaft, sie faßt meine Hand und sagt mit halberstiktem Grimm — ich will euch zu den Freuden der kommenden Nacht anfachen — sie öffnet eine Thür, Miladme lag sterbend auf einem Kissen. Sie reicht mir die Hand, zieht mich mit den matten Fingern näher an sich und flüstert leise: ich muß sterben, Klaudine hat mich vergiftet. — flieh, sie hat geschworen, Dich ihrer Eifersucht, ihrer Liebe, ihrer Rache zu opfern. Mir war als zerzissen meine Nerven. In der ersten Heftigkeit hätte ich Klaudinen fast niedergestoßen, ich besann mich. Sie stand in der Wollust befriedigter Rache neben mir, und blickte mich lüstern an. Wenige Minuten nachher verschied die schöne Braut meiner Seele. Die Zuckungen des Todes verzogen ihren Mund wie zu einem bittern Lächeln, den letzten kraftlosen Blick warf ihr versteinerndes Auge nach mir. Fahre wohl, seliger Geist, rief ich mit dem heftigsten Schmerz, das klarste Leben wartet Dein. Dir ähnliche Seelen, werden Dich empfangen, Dich in die Geheimnisse der Geisterwelt einzuweihn, fahre wohl — ich küßte ihre kalten Lippen, und zerrissen in meinem Innersten eilte ich hinaus — da kamst Du Mirosara von Deiner Reise aus Persien, mir ein Freund in der Bekümmerniß zu seyn, wie ich noch keinen hatte — meine

Rede würde meinem Herzen nicht genügen, wenn ich Deinen Karakter meinen Freunden entwickelte, ihrem Gefühl bleibe es überlassen, ihn zu begreifen. Hier endete er. — Kurz darauf gingen wir auseinander. Wie ich Lucinden gute Nacht sage, drückt sie mir ein Nadeletui in die Hand und entfernt sich schnell. Ich besinne mich, daß etwas darinn verborgen seyn könne, ich öffne es und ziehe folgendes Zettelgen heraus:

„Um Mitternacht, wenn alles schläft,
und nur der Liebe heißes Verlangen
wacht, harre mein süßer Flötenspieler der Erscheinung eines Geistes;
dort wo dichtes Gebüsch die kleine
Einsiedelei umschließt, die kein Aberglaube mit seinen thörichten Gebeten
entweiht, sondern die Liebe zu ihrem
Heiligthume bestimmte, wo man

ungestört den schönsten Träumen nachhängen kann, bis sie vor der entzückenden Wirklichkeit, wie Nebel vor der Sonne zerrinnen —"

Ich traute meinen Augen kaum, da ich diese Verschreibung auf das Himmelreich las. Ich legte mich ins Fenster, und dachte eine Weile dem Abentheuer nach, das mich erwartete, und schlich dann voll Freude die Treppe hinab, in den Garten nach der Eremitage, die in einem anstoßenden Gebüsche versteckt lag. Ich stand an das offne Thürgen gelehnt, voll Verlangen nach dem schönen Geiste, der mich zu erschrecken versprach, als ich ein weißes Gewand aus der Ferne herschimmern sah, da kommt er, dachte ich, und trat hervor ihn zu empfangen. — Jetzt lag Lucinde in meinen Armen. Wie könnte ich mir's versagen, mich und

Dich glücklich zu machen, begann sie zu reden, die Liebe zerreißt alle Fesseln, nur ihre liebliche Stimme vernimmt mein Herz, und hört nicht auf das Rufen erkünstelter Tugendgesetze — Kann es Verbrechen seyn, dem beglückenden Willen der Natur sich hingeben, und die goldnen Werke verliebter Umarmungen begehn, von himmlischer Liebe entflammt — nimmer will ich mich dem widersetzen, was mich glücklich macht und so umarme mich — so sprach sie noch, aber ich hörte nichts mehr als Töne und keine bestimmten Worte. Ich hielt sie umschlungen, mit der Innbrunst eines Gottes der Vorzeit, der seine Geliebte auf einer vergeblichen Flucht erhaschte. Wie schlug mir das Herz. Jegliche Form ihrer Glieder prüfte meine Hand, meinem Geiste die süßen Vorstellungen zu geben, wie entzückend ist es, ein schönes liebendes Weib so ganz mit Auge und Sinn genießen zu können, und in den Herrlichkeiten eines reitzenden Körpers zu schwelgen, von der seligsten Trunkenheit berauscht werden, die Lippen auf einen Busen drücken, den tobende Begierden emporheben, von Lucinden umfangen seyn, fürwahr, das beneiden selbst Göt= ter 2c. 2c. 2c.

XXII. Br.

Flooren.

Emilie an Lindor.

Noch einmal will ich zu Deinem Herzen reden, von meinen zertrümmerten Hoff= nungen, von der Vergangenheit, und der trostlosen Finsterniß, die mein Auge von jeder Aussicht in die Zukunft wie von einem schwindelnden Abgrunde wegschreckt — noch einmal will ich Dir wiederholen, was Du mir einst zur Mitternacht schwurst, was auch die Welt von mir denken mag, Du sollst Dich nicht an mir täuschen — noch einmal Dich an mich erinnern und dann auf immer schweigen. Ahndest Du nicht die Wehmut, die mich befällt, indem ich so die Vergangenheit durchwandre, wo Du in jedem Gedanken meiner Seele warst, da sich in der Leidenschaft mit der ich Dich liebte alle Kräfte meiner Seele, wie die Stralen eines Brennglases zu einem einzigen Feuerpunkte vereinigten. Eine herrliche Zukunft umspannte mein Blick, Du gabst meinem Leben den Werth, den Du allein ihm geben konntest. Jetzt ist alles vor mir versunken, wie durch einen Zauberschlag — wenn es Wahnsinn war, daß ich Dich liebte, o so vergieb mir diesen verzeihlichen Wahnsinn — aber thöricht vertraute ich dem Schicksal, und bin un=

glücklich worden, denn siehe, den eisernen Arm breitet es über uns, eingehüllt in undurchdringliches Dunkel spottet es unsrer verwegnen Entwürfe und hohnlächelt in unwiderstehlicher Kraft über unsre Pläne — an die heilige Thräne der Liebe, die einst in deinem Auge zitterte, in dessen schöner Klarheit ich meiner Liebe Entzückungen fand, an diese Thräne würde ich Dich mahnen, ich würde Dich mahnen zu bezahlen Deine Gelübden, aber Du hast mich verworfen, und der Stolz meines Geistes stößt jeden flehenden Seufzer um Deine verlorne Liebe in den Abgrund meines unglücklichen Herzens zurück — verstoßen zu werden, — niedergerissen alle Hoffnungen meines Lebens, zertreten der Keim aller künftigen Freude — verwüstet die Wohnung der Liebe mein Herz — o laß mich weinen, es sind die letzten Thränen um meinen Traum —

Lebe wohl, entschwindender Traum, süßes Lügenbild einer himmlischen Zukunft, lebe wohl! Ich sah' Dich hervorgehn, in Deiner Glorie, wie die Sonne am Aufgang, die Glutrosen der Morgenröthe umgaben Dich, aber bald umzogen schwere Sturmwolken Dein Antlitz und entrückten Dich meinem Auge auf ewig. — Ich blicke in die Vergangenheit, da die schönsten Hoffnungen künftiger Entzückungen in meinem Herzen aufblühten wie Frühlingsblumen — ach, mußten sie so schnell verblühen, vorüberschwinden wie die Luftgemälde in Elysium Sicilien, vertönen wie die nachklingenden Echolaute über eurem redenden See, o Lismore o Adeline. Auch mit einer Blumenghirlande hätte ich Dich nicht fesseln können, paradiesischer Traum, denn ach! die Blumen wären verwelkt, und die duftenden Ketten auseinandergefallen, mit denen ich Deine zarte Gestalt umwunden hätte. — Vergebens sind die glühenden Thränen, die mein betrogenes Herz Dir nachweint, vergebens der Aufruhr in mir, — werde zu Stein, armes Herz, denn der schönste Traum Deiner Jugend ist verweht, wie ein Wölkgen, das der Nachtwind auseinanderstäubte — in welches Herz mag jetzt Dein freundlicher Stral fallen, treuloser, ewig theurer Traum — Lindor der Traum hatte Deine Gestalt, meine liebeglühende Phantasie hatte sie um ihn geworfen — Lebe wohl, schöner Traum, lebe wohl Lindor, für mich unwiederbringlich verloren. —

XXIII. Br.

Lindor an Richard.

Wenn ich am Ufer des Stromes sitze und in die vorübergleitenden Wellen blicke, wenn die Dämmerung die Landschaft in ihre grauen Nebel hüllt, und die Sterne einzeln hervorglimmen, und Lucinde sich an mein klopfendes Herz lehnt, o Freund was ist es, das mir da die Brust so schmerzlich zusammenpreßt. Ich erschrecke vor dem Gedanken an Emilien — meine Phantasie zeigt mir die traurende in tausend reitzenden Gestalten. Ich strecke die Arme nach ihrem Bilde aus, und fasse Lucinden, die mich der holden untreu machte — wie eine schwere Wolke lagert sich die Schwermut über meine Seele, heiße Thränen rollen in meine Augen, ich unglücklicher weine sie an Lucindens Busen.

Ihre Liebe ist ein verzehrendes Wetterleuchten — ihre Worte, ihre Thaten, sind Funken, die ein loderndes Feuer von sich sprüht, ihr unbeschreiblich, leidenschaftliches Herz liebt mich bis zum Wahnsinn. Jedes Wort in Emiliens Brief war ein Schlag an mein undankbares, treuloses Herz. Ich habe keinen Frieden mehr — oft wandre ich einsam in den hellen Nächten umher, und traure über mein unersättliches Herz. — Ich ruhte neulich unter einer Ulme. Plötzlich tönt mir von einer entfernten einsamen Hütte ein langsamer ernster Gesang, begleitet von einer Laute entgegen, ich nähere mich der Hütte — ich höre das spanische Lied des Herrera an den Schlaf — wie klagend wurde die Stimme bei den Worten: y de licor sagrado baña mis ojos tristes — Ich konnte dem geheimen Zuge nicht widerstehen, ich ging auf den Sänger zu. Auf einer Bank unter dem offnen Fenster saß ein bejahrter Mann, der Mond glänzte an seinem weißen Haar. Ein weibliches Geschöpf kniete neben ihm mit gefaltenen Händen, die auf der Bank ruhten. O Himmel, hättest Du den schmerzlichen Blick gesehen, den sie nach mir warf, da sie sich auf mein Geräusch umwandte. Sie erschrack und sprang hastig auf. Der Greis blieb sitzen, ich redete sie an, da erhob er sich als er meine Stimme hörte und rief in spanischer Sprache: führe mich hinein, Almerie, es wird mir bange bei einem Menschen — ich ergriff seine bebende Hand: mein ehrwürdiger Greis, sagte ich sanft, ich weiche nicht von hinnen, bis ich Dein Mißtrauen verscheuche, — Almerie stand schweigend neben mir voll Erwartung, eine Thräne floß glänzend über ihre bleiche Wange, sie war armselig und einfach gekleidet, end=

lich fing der Mann an, nachdem er sorgsam meinen Körper betastet hatte — er war blind — könnte ich sehen, forschend würde ich in Dein Auge schauen, mein Blick würde Dich entlarven, wenn Du ein Verräther wärst — aber vergebens jammere ich, finster und trostlos ist mir die Welt, selbst mein geliebtes Kind, Almerie, kann ich nicht mehr sehen, mein Vaterherz ist zerrissen — sie theilt mein Elend und meine Einsamkeit. Ihre Thränen fühle ich oft brennend, auf meine Wangen träufeln, wenn sie zärtlich an meinem Halse hängt. O Schicksal in ihren Armen laß mich sterben! Almerie, geliebte Tochter, reiche mir Deine Hand — schluchzend griff sie nach der Hand ihres Vaters. Ich bat sie ruhig zu seyn, ich wollte ihnen helfen, wenn ihr Kummer zu lindern wäre. — Guter Fremdling rief das holde Wesen unter Thränen,

J

mein Vater, einst reich, geehrt und mächtig, leidet, weil er mich mit in sein Elend gerissen hat — ich unglückliche kann nur mit ihm sterben, und sie sank zu meinen Füßen und flehte mit vergehender schmerzlicher Stimme, ihm zu helfen. Ich sagte, was ich vermochte, sie zu beruhigen, überwältigt faßte ich die Hand des horchenden Greises und küßte sie — ich komme wieder, edler Greis. Almerie gute kindliche Seele, ich kehre wieder, Deine Thränen zu trocknen. Ich eilte davon, nahm Geld von Storm und miethete ein kleines Gartenhaus über der Tiber. Am Abend führte ich den Greis und seine Tochter dahin. Da erzählte er mir seine Leidensgeschichte — seine Größe beugte mich, weil ich so klein neben ihm stand — alles hatte sich gegen ihn vereinigt, ihn elend zu machen, ihn der Schmach und dem bittersten Mangel Preis zu geben, weil er edel und groß in Rede und That war. Er floh hieher, Almerie folgte ihm. — Welch ein Geschöpf, so voll Güte, so voll kindlicher inniger Liebe. Ich will Dein Bruder seyn, schwor ich ihr, und sie fiel an meine Brust und weinte. Wenige Tage darauf fand ich sie an der Leiche ihres Vaters hingeworfen, sie hört mich, tritt mir entgegen, und jammert in gebrochnen Tönen um den unbeschreiblich geliebten Vater, indem sie sich von Leiden erschöpft an mich lehnte. Ihre Glieder zuckten, wie eine welke Lilie hing sie in meinen Armen. Ihr Gesicht ruhte an meinem Herzen. Ach! dies ist jetzt noch das einzige Herz, an dem ich ruhen kann, klagte sie leise, und das leidende Mädgen verbarg ihre thränenschweren Augen an meiner Brust — warum konnte ich nicht allen Schmerz in mich ziehen, der so gewaltig an ihrer Seele riß — wir begruben die Leiche unter Zipressen — oft saß ich mit ihr am Grabe ihres Vaters; — unmerklich füllte sich mein Herz mit einer nie empfundnen Liebe. Wir schwiegen oft stundenlang, es war eine heilige stille Melancholie in uns, die wir am Grabe unter wankenden Zipressen, in der Dämmerung der Nacht, in der Stille um uns her nährten — oft schlug sie stumm ihre liebenden Arme um meinen Nacken, sie legte meine Hand an ihr Herz, seine heftigen beklommnen Schläge zu fühlen — ich wurde sanft und unwiderstehlich hingezogen das hülflose Mädgen zu lieben. Meine Sinnen schwiegen, wenn ich sie in meinen Armen hielt. Ihr Gram, ihr Leiden war die Aegide ihrer Unschuld und ihrer Tugend. Sie liebte mich schwärmerisch, mit einer stillen Trauer über ihr Schicksal. Ihre Melancholie hatte mich angesteckt, ich wurde einsilbig. Lucinde fragte besorgt was mir fehle, sie wurde unruhig, sie lauerte auf meine Wege, sie wurden ihr verdächtig, die Eifersucht fing ihr Spiel an, ich wurde behutsamer und täuschte sie — ich fühle Lasten auf meiner Seele, bange Ahndungen, unglückverkündend, beängstigen mich —

Warum muß denn der Mensch ein Erinnerungsvermögen haben. Wäre es nicht besser, jeder vergangne Augenblick sänke für ihn, in eine ewige Nacht. Die Freude schwächt ihm der Rückblick auf bittre Leiden und seine Thränen fließen heftiger, wenn die Sehnsucht nach dem vorübergeschwundnen Entzücken, sein leidendes Herz beklemmt — o Emilie könnte ich deine Thränen vergessen — Lucinde könnte ich dich vergessen, deinen erhabenen Sinn, deine glühende Liebe, dei=

ne Schönheit — mein Schicksal hat den Fluch der Unbeständigkeit, der Unersätt=
lichkeit auf mein Herz gelegt. — Amue=
rie, zarte unschuldige Seele, du warfst
dich an mein Herz voll Zutrauen, voll
unaussprechlicher Liebe, durfte ich dich
in jener schrecklichen Mitternacht zurück=
stoßen, da der Schmerz dich kraftlos
in meine Arme stürzte? — über der Asche
ihres Vaters starb meine wiederaufle=
bende Treue für Emilien, meine Leiden=
schaft zu der römischen Sirene. Lebe
wohl Freund mit Deinem ruhigen, glück=
lichen Herzen, wann wird das meinige
aufhören zu schlagen —

XXIV. Br.
L. au Rich.
Brundiſſ.

Ich will Dir von meinem Jammer erzählen und von meinem Elend. Du wirſt die fürchterlichen Schrecken aus den todten Buchſtaben nicht begreifen, die meine Seele erſchüttert haben. Lucinde hat eine That verübt, die alle Martern der Hölle über mich gebracht hat. Sage Emilien, daß ich unglücklich bin, und ſie wird mir verzeihen, daß ich treulos war. Die Reue zehrt an meinem Leben wie ein schleichendes Gift — Waffne Dich mit Stärke, auch meine That zu hören.

Lucinde hatte meine Wege belauert, sie verlor meine Spur immer am Strom. Endlich erforscht sie Almerien. Rimonaldi sagte mir besorgt, er hätte eines Abends Lucinden in Thränen gefunden, die Hände ringend, sie hätte oft mit heftigen Geberden an ihr Herz, an ihre Stirne gefaßt, er habe sie angeredet, auf einmal sei sie ruhig geworden, wie ein Vorhang hätte es sich vor ihr Gesicht gezogen, das einen Augenblick vorher noch von Affekt zuckte und glühte. Ich achtete nicht darauf. Bald fing ich selbst an zu bemerken, daß ihre Seele mit einem schrecklichen Gedanken erfüllt seyn müsse. Einmal fuhr sie heftig in meinen Armen auf, und sagte sanft und zerschlagen mit einer Thräne mit emporgeschlagenen Blicken: occhi piangete accompagnate il cuore — im Augenblick wurde sie wieder so heiter, so unbefangen, zärtlicher, inniger umfing sie mich. Eines Morgens ganz früh kam sie auf mein Zimmer, in einem dünnen Florgewand mit losgegangenen Haaren, mit verweintem Gesicht — langsam und feierlich trat sie an mein Lager, mit gebrochner bebender Stimme grüßte sie mich. Ihr Busen, den das Gewand nur sparsam bedeckte, flog wie eine Welle auf und nieder. Sie kniete neben mir hin. Mit erstickten Thränen fragte sie mich: wo warst Du die Nacht? — ich suchte Dich. Ich fühlte mich so schmerzlich allein, da ich Dich nicht fand — sie warf sich an meine Brust, und ein Strom siedender Thränen stürzte aus ihren Augen auf mein Gesicht. Plötzlich steht sie auf, und mit einer Größe, die ich nie vergessen werde, hebt sie die drohende Rechte empor, und wirft einen unbeschreiblichen Blick auf mich. Langsam zieht sie den Arm zurück, legt die Hand an die nachsinnende Stirn, wendet sich um und geht. Ich stehe auf, ich eile ihr nach, sie hatte die Harfe ergriffen, sie sang ganz außer sich und wild: sventurata in van mi lagno etc. etc. Eine Ahndung ihres Leidens flog wie ein Blitz durch meine Seele, ich schwor in meinem Innern sie nicht zu betrüben. Ich sann auf einen Zufluchtsort für Almerien. — Gegen Mittag fährt sie mit Storm und Mirosara nach Rom. Sie umarmt mich, in drei Tagen siehst Du mich wieder — ich blieb. — Gegen Abend ging ich zu Almerien, ich sprach mit ihr von meinen Besorgnissen, von der Gefahr, in der sie vielleicht schwebte, ich kannte Lucindens

Liebe, ihre Leidenschaft, ihre Eifersucht. Wir müssen uns trennen, sagte ich ihr, morgen Abend bringe ich Dich fort: Sie fiel schluchzend an mein Herz, sie redete nicht, sie war trostlos. Am Morgen suchte ich ein Asyl für die arme Verwaiste — ich sollte sie auf ewig verlieren.

Alles war bereit. Rimonaldi wartete in einiger Entfernung vom Hause: Der Mond war eben aufgegangen — ich trete in das Zimmer — o Entsetzen! Lucinde stand in Männskleidern neben Almerien, die niedergesunken an einem Stuhl in ihrem Blute schwamm und röchelte, sie hatte ihr das Herz durchstoßen — sie erblickt mich, eine brennende Lampe hing an der Decke — schrecklich blitzt mir ihr schwarzes Auge aus dem bleichen Gesicht entgegen, „Verruchte, was hast Du gethan?" wüthete ich ihr mit der Stimme der Verzweiflung zu, und von Schmerz und Grimm und Rache wie von Wirbelwinden gefaßt, riß ich ein Terzerol aus dem Busen, und zerschmetterte ihr das Gehirn. — Da lagen meine Himmel mit all' ihren Seligkeiten niedergetrümmert durch mich — Rinnonaldi stürzt auf den Schuß herein. Ich ergreife seine Hand. „Sie mordete Almerien, sie mußte sterben" — Das Entsetzen lähmte ihm die Zunge — er nahm den Dolch, an dem noch Almeriens Herzblut triefte, aus Luciudens festgeschloßner Hand; ich riß meine Brust auf, und rief ihm in diesem furchtbaren Moment mit kaltem Ton zu: bohre ihn in dies zermalmte Herz und gieb ihm Ruhe. Er schlaug seine Arme um mich. — Wir trugen Holz in das Zimmer — wir legten die Leichen darauf, die wir mit heißen Thränen umarmten. Wir zündeten das Haus inwendig an mehrern Orten an) verschlossen es, schwammen durch den Strom und eilten nach Hause. — Am Morgen kommt Storm gesprengt und frägt nach Lucinden, wir entdecken ihm das schreckliche Geheimnis — wir wollen fort rief er, wir folgen ihm nach Rom — niemand konnte Lucindens Verschwinden begreifen. Wir eilten nach Neapel —

Das Uebermaaß meiner Schmerzen hat mein Herz versteinert. In den Ruinen des Orients will ich mit den Träumen über vergangne Jahrhunderte, mein gegenwärtiges Elend überfloren. — Und wenn ich Persiens schönere Rosen breche und meine Hand an ihren Dornen verwunde und die köstlichen Blumen von meinem Blute sich färben, und ich im Grase liege und über mein Daseyn weine, dann möge ein giftiger Wurm mich ver=

setzen, und dieses Herz erstatten, das das Unglück meines Lebens machen, lebe wohl, mein Paula. — Die Menge — schon Sturm gesprengt ihr Lage nach dorfen sen, mir entdecken, in das fürchter Geheimniß — wir wollen ihrer nicht ein nach sehen. Ihr nach — nicht, nicht somit sneidende Herzschmerzen begasten. Sitz eilen nach Praput —

Das Uebermaaß meiner Schmerzen hat mein Herz verkleinert. Jn den Stunden des Drucks will ich mit den dumm über vergangne Hoffnungen, mein gegenwärtiges Elend überfaren. — Ach wenn ich frohes Schmerzlich, die Fe und mein Paula an dem Don umarmten und die Schlägen Klingen von meinem Blute sey's ten, und ich im Grab Lage und das vergessen dann lege ein Sesser. Denn mich ver-

Bei Gottfried Vollmer in Hamburg und Altona erschienen zur Michaeli-Messe 1800 folgende neue Werke:

Allmanach der Liebe, nach Hogarth und Lichtenberg, auf 1801, mit 13 fein ausgemalten Kupfern. 1 Rthlr.
Karrikatur-Allmanach auf 1801, mit 9 illuminirten Kupfern, nach Hogarth. Ein Beytrag zu Lichtenbergs Nachlaß. 18 Gr.
Allmanach des Luxus und der Mode auf 1801, mit 10 colorirten Modekupfern von Bunbury und Hogarth, nebst einer Lichtenbergschen Erklärung. 9 Gr.
Obscuranten-Allmanach auf 1801. 1 Rthlr 8 Gr.
Regenten-Allmanach auf 1801. 1 Rthlr. 8 Gr.
Satyrische Blätter od. satyr. Allmanach v. Janus Eremitta, 3 Bd. 1801. 1 Rthlr. 8 Gr.
J. G. Büsch's Leben, Character und Verdienste, nebst einer kurzen Krankheitsgeschichte. 8 Gr.

Fridolin, der Gauckler, weiland theatralischer Kreuzfahrer, Emigree, politischer Revolutionär, Märtyrer des Geschmacks, 2ter Bd. mit einem Kupfer. 20 Gr.

Jeannette, Prinzeßin von Curland und Sagan. Ein Gemälde von Fürstengröße und Fürstenunglück.

Karrikaturen nach Hogarth und Lichtenberg. Eine nothwendige Beylage zu dem Journal London und Paris, mit 4 großen illuminirten Kupfern erklärt vom Verfasser der Lauretta Pisana, 4to. Postpapier 1 Rthlr. Druckpapier 20 Gr.

Karrikaturen, 2 Bde. mit 22 Illuminirten Kupfern. Ein Beytrag zu Lichtenbergs Nachlaß, 1 Rthlr. 18 Gr.

Pharmacologisches Lexikon oder medicinische und chirurgische Arzneymittellehre für Aerzte, Wundärzte und Apotheker, ingleichen für Oekonomen, besonders für Thierärzte, 2ter und letzter Bd. N. bis Z. gr. 8 2 Rthlr. 16 Gr.

Karl Moor und seine Genossen nach der Abschiedsscene beym alten Thurm. Ein Gemälde erhabener Menschennatur als Seitenstück zum Rinaldo Rinaldini, von der Frau von Wallenrodt.

Michael Kosmeli
1773 - 1844

Michael Kosmeli
1773 - 1844